Die Schrift

Verdeutscht von Martin Buber
gemeinsam mit Franz Rosenzweig

—

Einzelausgabe aus Band 4:
»Die Schriftwerke«

Das Buch der Preisungen

—

Verdeutscht
von Martin Buber

—

VERLAG LAMBERT SCHNEIDER

10., durchgesehene Auflage
der neubearbeiteten Ausgabe
von 1958

Mit einem Anhang:
Martin Buber: Zur Verdeutschung der Preisungen

Die Deutsche Bibliothek – CIP-Einheitsaufnahme

Das Buch der Preisungen /

verdeutscht von Martin Buber. –
Einzelausg., 10., durchges. Aufl. der neubearb. Ausg. von 1958.
– Gerlingen: Schneider, 1992
Einheitssacht.: Psalmi ⟨dt.⟩
Aus: Die Schrift; Bd. 4. Die Schriftwerke
ISBN 3-7953-0184-X (Gewebe)
ISBN 3-7953-0128-9 (Ld)
NE: Buber, Martin [Übers.]; EST

1992

Gesamtherstellung: Wilhelm Röck, Weinsberg
Umschlag: Buchgestaltung Reichert, D-7000 Stuttgart

INHALTSVERZEICHNIS

Das Buch der Preisungen

I

O Glück des Mannes,
der nicht ging im Rat der Frevler,
den Weg der Sünder nicht beschritt,
am Sitz der Dreisten nicht saß,
sondern Lust hat an SEINER Weisung,
über seiner Weisung murmelt tages und nachts!
Der wird sein
wie ein Baum, an Wassergräben verpflanzt,
der zu seiner Zeit gibt seine Frucht
und sein Laub welkt nicht:
was alles er tut, es gelingt.
Nicht so sind die Frevler,
sondern wie Spreu, die ein Wind verweht.
Darum bestehen Frevler nicht im Gericht,
Sünder in der Gemeinde der Bewährten.
Denn ER kennt den Weg der Bewährten,
aber der Weg der Frevler verliert sich.

II

Wozu tosen die Weltstämme,
murren Nationen – ins Leere!
Erdenkönige treten vor,
mitsammen munkeln Erlauchte
wider IHN, wider seinen Gesalbten:
»Sprengen wir ihre Fesseln,
werfen wir ihre Seile von uns!«
Der im Himmel Thronende lacht,
mein Herr spottet ihrer.
Dann redet in seinem Zorn er zu ihnen,
verstört sie in seinem Entflammen:
»Ich aber,
belehnt habe ich meinen König
auf Zion, meinem Heiligtumsberg.«

– Berichten will ichs zum Gesetz,
ER hat zu mir gesprochen:

»Mein Sohn bist du,
selber habe ich heut dich gezeugt.
Heische von mir und ich gebe
die Weltstämme als Eigentum dir,
als Hufe dir die Ränder der Erde, –
du magst mit eisernem Stab sie zerschellen,
sie zerschmeißen wie Töpfergerät.«
Und nun, Könige, begreifts,
nehmet Zucht an, Erdenrichter!
Werdet IHM dienstbar mit Furcht
und flohlocket mit Zittern!
Rüstet euch mit Läutrung, sonst zürnt er,
und am Wege seid ihr verloren,
wenn entbrennt über ein kleines sein Zorn.
O Glück aller, die sich an ihm bergen!

III

Ein Harfenlied Dawids:
als er vor seinem Sohn Abschalom auf der Flucht war.

DU,
wie viel sind meine Bedränger worden!
Viele stehen wider mich auf,
viele sprechen von meiner Seele:
»Keine Befreiung ist dem bei Gott.«
/ Empor! /
DU aber bist ein Schild um mich her,
meine Ehre und was hochträgt mein Haupt.

Meine Stimme zu IHM – ich rufe,
er antwortet mir von seinem Heiligtumsberg.
/ Empor! /
Ich, hinlegte ich mich und entschlief, –
ich erwachte, denn ER hat mich gehalten.
Vor Volks Mengen fürchte ich mich nicht,
die ansetzen wider mich rings.

Steh auf, DU,

befreie mich, mein Gott!
schlugst ja alle meine Feinde aufs Kinn,
die Zähne der Frevler zerbrachst du.
DEIN ist die Befreiung:
über dein Volk deinen Segen!
/ Empor! /

IV

Des Chormeisters, zum Saitenspiel,
ein Harfenlied Dawids.

Wann ich rufe, antworte mir,
Gott meiner Bewahrheitung!
In der Enge weitetest du mirs,
leih mir Gunst, hör mein Gebet!

Mannessöhne, bis wann
wird meine Ehre zum Schimpf,
wollet Leeres ihr lieben,
wollet Täuschung ihr suchen?
/ Empor! /

Erkennts nun: ja, ausgesondert
hat ER sich einen Holden,
ER hört es,
wann ich zu ihm rufe!
Erbebet
und sündiget nimmer!
Besprechts in eurem Herzen,
auf eurem Lager,
und werdet still!
/ Empor! /
Opfert Opfer des Wahrbrauchs
und werdet sicher an IHM!

Viele sprechen:
»Wer läßt Gutes uns sehn?!«
Bannergleich heb über uns
das Licht deines Antlitzes, DU!

Freude gibst du mir ins Herz,
beßre als da ihnen viel Kornes und Mosts ward.
In Frieden will ich zugleich
niederliegen und schlafen,
denn du bist es, DU,
der mir Sitz schafft, einsam, gesichert.

V

Des Chormeisters, zum Gesumm,
ein Harfenlied Dawids.

Meinen Sprüchen lausche, DU,
achte auf mein Seufzen,
merk auf die Stimme meines Stöhnens,
o mein König und mein Gott,
denn zu dir bete ich.
DU,
morgens hörst du meine Stimme,
morgens rüste ich dir zu,
und ich spähe.

Denn nicht bist du eine Gottheit,
die Lust hat am Frevel,
ein Böser darf nicht bei dir gasten,
Prahler sich dir vor die Augen nicht stellen,
die Argwirkenden hassest du alle,
die Täuschungsredner lässest du schwinden. –
Ein Greuel ist DIR der Mann von Bluttat und Trug.

Ich aber,
durch die Fülle deiner Huld
komme ich in dein Haus,
werfe mich hin
zu deiner Heiligtumshalle
in deiner Furcht.
DU,
leite mich in deiner Wahrhaftigkeit
um meiner Verleumder willen,

mache gerad vor mir deinen Weg!

Denn kein Festes ist deren einem im Mund,
ihr Eingeweid ist Verhängnis,
ein geöffnetes Grab ihr Schlund,
ihre Zunge glätten sie.
Büßen lasse sie, Gott,
von ihren Ratschlägen mögen sie fallen,
um die Fülle ihrer Abtrünnigkeiten
stoße sie fort,
denn sie sind dir widerspenstig.

Aber freuen werden sich alle,
die sich an dir bergen,
in die Zeit hin werden sie jubeln,
da du sie überschirmst,
sich entzücken an dir,
die deinen Namen lieben.
Denn du bists, der segnet den Bewährten, DU,
wie mit einem Schilddach krönst du ihn mit Gnade.

VI

Des Chormeisters, zum Saitenspiel auf der Achten,
ein Harfenlied Dawids.

DU,
nimmer strafe in deinem Zorn mich,
nimmer züchtige in deiner Glut mich!
Leih Gunst mir, DU,
denn ich bin erschlafft,
heile mich, DU,
denn mein Gebein ist verstört,
und sehr verstört ist meine Seele.
Du aber, DU, bis wann noch –!
Kehre wieder, DU,
entschnüre meine Seele,
befreie mich
deiner Huld zu willen!
Denn im Tod ist kein Deingedenken,

im Gruftreich, wer sagt dir Dank?!

Müd bin ich von meinem Ächzen,
allnächtlich schwemme ich mein Bett,
meinen Pfühl flöße ich mit meiner Träne,
stumpf ward mein Auge vom Gram,
stierend auf all meine Bedränger. –

Weichet von mir,
ihr Argwirkenden alle,
denn gehört hat ER die Stimme meines Weinens.
Gehört hat ER mein Flehen,
ER nimmt mein Beten an.
Zuschanden werden, sehr verstört
alle meine Feinde,
sie kehren sich hinweg,
zuschanden werden sie im Nu.

VII

Eine »umirrende Weise« Dawids,
die er IHM sang, wegen der Reden Kuschs des Benjaminiten.

DU, mein Gott,
an dem ich mich berge,
befreie mich von all meinen Verfolgern,
rette mich!
sonst zerreißt man löwengleich meine Seele,
zerspellt, und kein Rettender ist.

DU, mein Gott,
habe ich dieses getan,
gibts an meinen Händen Falsch,
fertigte ich Böses dem mir Friedgesinnten zu
– da ich entschnürte den,
der mich bedrängt hatte ums Leere! –,
verfolge der Feind meine Seele, hole ein
und stampfe zur Erde mein Leben,
lasse meine Ehre wohnen im Staub!
/ Empor! /

Steh auf, DU, in deinem Zorn,
erhebe dich
wider das Aufwallen meiner Bedränger,
rege dich mir zu
in dem Gericht, das du entbietest!
Umringt die Gemeinde dich dann der Nationen,
über ihr hin kehre zur Höhe!

DU, der Urteil spricht den Völkern,
rechte für mich, DU,
nach meiner Wahrhaftigkeit,
nach meiner Schlichtheit, die an mir ist!
Daß der Frevler Bosheit doch ende
und du festigest den Wahrhaftigen!
Der Herzen und Nieren prüft,
Gott, Wahrhaftiger! –
Mein Schild ist bei Gott,
dem Befreier der Herzensgeraden,
Gott, dem wahrhaftigen Richter,
dem Gottherrn, alletag dräuend.

Wetzt jener nicht wieder sein Schwert,
spannt seinen Bogen und festet ihn?
Für sich selber festigt Todeszeug er,
macht er seine Pfeile zu Bränden!
Wohl, um Arg sind seine Wehn,
mit Pein geht er schwanger,
aber Täuschung gebiert er.
Ein Loch bohrt er,
er schaufelt es aus,
aber er fällt
in die Grube, die er machte.
Seine Peinigung kehrt ihm aufs Haupt heim,
auf seinen Scheitel senkt sich seine Unbill.

Danken will ich IHM
gemäß seiner Wahrhaftigkeit,
harfen dem Namen
SEIN, des Höchsten.

VIII

Des Chormeisters, nach der Kelterweise,
ein Harfenlied Dawids.

Du, unser Herr,
wie herrlich ist dein Name
in allem Erdreich!

Du, dessen Hehre der Wettgesang gilt
über den Himmel hin,
aus der Kinder, der Säuglinge Mund
hast du eine Macht gegründet,
um deiner Bedränger willen,
zu verabschieden Feind und Rachgierigen.

Wenn ich ansehe deinen Himmel,
das Werk deiner Finger,
Mond und Sterne, die du hast gefestet,
was ist das Menschlein,
daß du sein gedenkst,
der Adamssohn,
daß du zuordnest ihm!

Ließest ihm ein Geringes nur mangeln,
göttlich zu sein,
kröntest ihn mit Ehre und Glanz,
hießest ihn walten
der Werke deiner Hände.
Alles setztest du ihm zu Füßen,
Schafe und Rinder allsamt
und auch das Getier des Feldes,
den Vogel des Himmels
und die Fische des Meers,
was die Pfade der Meere durchwandert.

Du, unser Herr,
wie herrlich ist dein Name
in allem Erdland!

IX

Des Chormeisters, nach »Stirb für den Sohn«,
ein Harfenlied Dawids.

Danken will ich DIR
mit all meinem Herzen,
all deine Wunder will ich erzählen,
an dir mich freun und entzücken,
deinem Namen harfen, o Höchster,
wann meine Feinde rückwärts sich kehren,
straucheln, vor deinem Antlitz entschwinden.
Denn du entbotest Recht mir und Urteil,
saßest auf dem Stuhl
als ein Richter des Wahrspruchs,
beschaltest die Erdstämme,
machtest den Frevler schwinden,
ihren Namen wischtest du aus
für Zeit und Ewigkeit.

Der Feind, vernichtet sind sie,
Trümmerhaufen sinds in die Dauer;
die Städte, die du gestürzt hast,
entschwunden ist ihr Gedächtnis. –
ER aber sitzt für die Zeit,
festet seinen Stuhl zum Gericht,
er selber
richtet die Welt mit Wahrspruch,
urteilt den Nationen mit Geradheit.

So wird ER ein steiler Horst
für den Geduckten,
ein Horst für die Stunden der Drangsal. –
An dir wissen sich sicher,
die deinen Namen kennen,
denn die dich suchen, verlässest DU nicht.

Harfet IHM,
der auf dem Zion Sitz hat,
meldet seine Handlungen unter den Völkern!
Denn als einer, der Bluttat heimsucht,

hat er derer da gedacht,
nicht vergessen hat er
den Schrei der Gebeugten. –
Leih Gunst mir, Du,
sieh, wie ich von meinen Hassern gebeugt bin,
du, der mich enthebt den Toren des Sterbens,
damit ich all deine Preisung erzähle,
in den Toren der Tochter Zion
jauchze um dein Befreien. –

Stämme sind in der Grube versunken,
die sie bereitet hatten,
im Netz, das sie heimlich legten,
hat ihr Fuß sich verfangen.
Kund hat Er sich getan,
Gericht hat er bereitet,
durch das Wirken seiner Hände
verstrickt ist der Frevler worden.
/ Auftönen: Empor! /

Zum Gruftreich müssen die Frevler kehren,
alle Stämme, die Gottes vergessen.
Denn nicht in die Dauer
wird vergessen der Dürftige werden,
die Hoffnung der Gebeugten
schwinden auf ewig. –
Steh auf, Du!
nimmer trotze das Menschlein!
gerichtet sollen werden die Stämme
vorm Antlitz dir!
Furcht weise, Du, ihnen zu,
die Stämme sollens erkennen:
das Menschlein sind sie.
/ Empor! /

X

Warum, Du, verbleibst du in der Ferne,
verhehlst dich für die Stunden der Drangsal?

Bei der Hoffart des Frevlers fiebert der Gebeugte,
– verfangen mögen sie sich in den Ränken, die sie spinnen!
Wenn der Frevler lobpreist
– um die Begier seiner Seele! –,
und der Gewinnsüchtige segnet,
lästert er IHN.
Der Frevler, nach seiner Hochnäsigkeit:
»Der sucht nie heim!
da gibts keinen Gott!«
sind all seine Ränke.
Geraten doch seine Wege
zu aller Stunde,
in der Höhe sind deine Gerichte,
von ihm weg,
alle seine Bedränger –
er bläst auf sie.
Er spricht in seinem Herzen:
»Nie wanke ich,
auf Geschlecht um Geschlecht einer,
der nicht im Bösgeschick ist.«
Meineids voll ist sein Mund
und Trügerein und Erpressung,
unter seiner Zunge
Peinigung und Arglist.
Er sitzt auf der Lauer der Gehöfte,
in Verstecken würgt er den Unsträflichen,
seine Augen stellen dem Elenden nach.
Er lauert im Versteck
wie der Löwe in seinem Dickicht,
er lauert, den Gebeugten zu haschen,
er hascht den Gebeugten,
da er ihn in sein Netz zieht.
Jener duckt sich, bückt sich und fällt,
die Elenden ihm in die Klauen.
Er spricht in seinem Herzen:
»Der Herrgott vergißt,
hält sein Antlitz versteckt,
sieht nie her, in die Dauer.«
Steh auf, DU!

Gotther, heb deine Hand!
nimmer vergiß die Gebeugten!
Weshalb darf der Frevler Gott lästern,
in seinem Herzen sprechen:
»Du suchst nicht heim!«
Du hast es gesehn!
denn du selber,
auf Pein und Gram blickst du,
es in deine Hand zu geben
überläßts der Elende dir,
die Waise –
du selber bist Helfer geworden.
Zerbrich den Arm des Frevlers!
der Böse,
sucht man nach seinem Frevel,
nie mehr findet man ihn. –

König ist ER
in Weltzeit und Ewigkeit!
Geschwunden sind jene Stämme
aus seinem Land!
Das Begehren der Gebeugten,
gehört hast du es, DU:
festigst ihr Herz,
dein Ohr merkt auf,
zu rechten
für die Waise, für den Geduckten.
Nie mehr wüte jener fortan
den Menschen hinweg aus dem Land!

XI

Des Chormeisters,
von Dawid.

An IHM berge ich mich!
Wie doch sprecht ihr zu meiner Seele:
»Auf euren Berg flattere, Vöglein!

Denn die Frevler, da, spannen den Bogen,
bereiten ihren Pfeil auf der Sehne,
im Dunkel zu schießen auf Herzensgerade.
Werden die Grundpfeiler geschleift,
der Bewährte – was kann er wirken?!«
Er in seiner Heiligtumshalle,
Er, im Himmel sein Stuhl,
seine Augen schauen,
seine Wimpern prüfen
die Adamskinder.
Er, als ein Wahrhaftiger prüft er,
den Frevler und Unbill-Liebenden haßt seine Seele.
Er regnet Essenbrand auf die Frevler;
Feuer und Schwefel und Samumwind,
das ist ihre Bechergebühr.
Denn Er, ein Wahrhaftiger,
liebt Wahrhaftigkeit,
Gerades will schauen sein Antlitz.

XII

Des Chormeisters, auf der Achten,
ein Harfenlied Dawids.

Befreie, Du!
denn zuend ist der Holdmütige,
denn aus ists mit der Treue
unter den Adamskindern.
Wahnspiel reden sie
jedermann mit seinem Genossen,
glatter Lippe
mit zweierlei Herz reden sie.
Ausrotte Er
alle glatten Lippen,
die großrednerische Zunge!
sie, die sprechen:
»Durch unsre Zunge sind wir überlegen,
unsre Lippen sind mit uns,
wer ist uns Herr!«

»Ob der Vergewaltigung der Gebeugten,
ob des Ächzens der Dürftigen
jetzt stehe ich auf«,
spricht ER,
»in Freiheit setze ich
ihn, den man bebläst.«
Sprüche von IHM,
reine Sprüche sind sie,
Silber, ausgeschmolzen im Schüttofen zur Erde,
geseigert siebenfach.
Hüten wirst du sie, DU,
wirst einen bewahren vor dem Geschlecht da in Weltzeit,
die sich frevlerisch ringsum ergehn,
da Gemeinheit obenauf kam
bei den Adamskindern.

XIII

Des Chormeisters,
ein Harfenlied Dawids.

Bis wann, DU,
vergissest du dauernd mein?
bis wann
versteckst du dein Antlitz vor mir?
bis wann
muß ich Ratschläge hegen in meiner Seele,
Kummer in meinem Herzen tagüber?
bis wann
erhebt sich mein Feind über mich?

Blicke her,
antworte mir,
DU, mein Gott!
erleuchte meine Augen,
sonst muß ich entschlafen zum Tod!
sonst wird sprechen mein Feind:
»Ich habe ihn übermocht!«,
werden meine Bedränger jauchzen,

daß ich wanke.
Ich aber,
an deiner Huld sichre ich mich,
mein Herz wird jauchzen um dein Befreien. –

Singen will ich IHM,
denn er hat es mir reifen lassen.

XIV

Des Chormeisters,
von Dawid.

Der Nichtige spricht in seinem Herzen:
»Da gibts keinen Gott!«
Verderbt, greulich ward ihre Sitte,
keiner ist mehr, der Gutes tut.

Vom Himmel nieder lugt ER
auf die Adamskinder,
zu sehn, ob ein Begreifender west,
ein nach Gott Fragender.

Alles ist abgewichen,
angefault sind sie mitsammen,
keiner ist mehr, der Gutes tut,
auch kein einziger mehr!

Haben sies nicht erkannt,
die Argwirkenden alle,
die verzehren mein Volk:
sie verzehren ein Brot,
drüber IHN man nicht anrufen kann!

Dort, sie schrecken zusammen im Schreck,
denn Gott ist im bewährten Geschlecht:
»Den Ratschlag des Gebeugten
wolltet ihr zuschanden machen?!«
Ja, ER ist seine Bergung.

Wer gibt vom Zion her
Befreiung Jißraels!

Wann kehren läßt ER
Wiederkehr seinem Volk,
wird Jaakob jauchzen,
wird sich Jiſsrael freun.

XV

Ein Harfenlied Dawids.

DU,
wer darf gasten in deinem Zelt?
wer wohnen auf deinem Heiligtumsberg?
Der in Schlichtheit geht,
der Wahrhaftigkeit wirkt,
der treulich redet in seinem Herzen,
mit seinem Zungenkram nicht umherrennt,
seinem Genossen Übles nicht tut,
Hohn auf den ihm Nahen nicht lädt,
der Verworfne ist in seinen Augen verächtlich,
aber die IHN Fürchtenden ehrt er,
verschwur zum Übel er sich, ändert ers nicht,
sein Geld gibt er nicht auf Zins,
Bestechung nimmt er wider Unsträfliche nicht:
der dies tut,
wird in Weltzeit nicht wanken.

XVI

Ein Sühngedicht Dawids.

Behüte mich, Gott,
denn an dir berge ich mich! –

Ich spreche zu IHM:
»Mein Herr bist du,
mein Gut,
nichts über dich!«,
zu den Heiligen, die im Lande sind:

»... mein Herrlicher,
an dem all meine Lust ist.«

Mehren mögen sich die Trübnisse ihnen,
die einen Anderen freiten,
nie gieße ich mit
ihre Opfergüsse – von Blut! –,
nie trage ich ihre Namenrufe
auf meinen Lippen. –

DU,
meine Anteil- und Becher-Gebühr!
du bists, der mein Los umfängt.
Schnurmaße fielen mir zu
in der Mildigkeit,
wohl, anmutig ist mir das Eigen. –

Ich segne IHN,
der mich beraten hat,
wohl, nachts mahnen mich meine Nieren.
Ich hege IHN mir stets gegenüber.
Wenn er mir zur Rechten ist,
nie kann ich wanken.

Darum freut sich mein Herz,
jauchzt meine Ehre,
ja, mein Fleisch wird sicher wohnen.
Denn du überlässest nicht
meine Seele dem Gruftreich,
du gibst nicht zu,
daß dein Holder die Schluft besehe.

Du lehrst mich kennen
den Pfad des Lebens,
Sättigung mit Freuden
ist vor deinem Antlitz,
Mildheit in deiner Rechten
immerdar.

XVII

Ein Gebet Dawids.

Höre Wahrhaftiges, DU,
merke auf mein Wimmern,
lausche meinem Gebet
von Lippen ohne Trug!

Von deinem Antlitz
fährt meine Gerechtigkeit aus,
deine Augen schauen Geradheit.
Geprüft hast du mein Herz,
gemustert nachts,
mich ausgeschmolzen,
nie findest du mehr,
wovon ich gesonnen hatte:
»Nie trete es mir über den Mund.«

Bei den Händeln der Menschen
im Wort deiner Lippen bleibend,
hüte ich mich der Pfade des Durchbrechers, –
da mein Schreiten ich halte in deinen Geleisen,
wanken nie meine Tritte.

Ich bins, der dich rief,
ja, Gott, du antwortest mir,
neige mir dein Ohr,
höre meinen Spruch!

Wunderbar erzeig deine Hulden,
Befreier der sich Bergenden du
vor den Aufständischen,
mit deiner rechten Hand!

Behüte mich
wie das Püpplein im Augapfel,
im Schatten deiner Flügel
verstecke mich!

Vor den Frevlern, die mich gewaltigen,
meinen Seelenfeinden, die mich umzingeln!

Ins Fett schließen sie ihr Herz ein,
mit ihrem Mund reden sie Hoffart.

Bei unserm Schreiten – jetzt umringen sie uns,
sie setzen ihre Augen darauf,
einen zur Erde zu neigen.
Es scheint ein Löwe, dens lüstert zu zerreißen,
ein Leu, der sitzt in Verstecken.

Steh auf, DU,
tritt seinem Antlitz entgegen,
stürze ihn ins Knie!
entrinnen mache meine Seele
vorm Frevel mit deinem Schwert,
vor den Leuten mit deiner Hand, DU,
vor den Leuten aus der Weile!

Der Anteil jener ist noch im Leben,
mit deinem Gespeicherten füllst du ihren Bauch, –
mögen satt werden die Söhne,
mögen sie ihren Kindern ihren Rest hinterlassen!
Ich aber,
in Wahrhaftigkeit
werde ich dein Antlitz schauen,
mich sattsehn beim Erwachen
an deiner Gestalt.

XVIII

Des Chormeisters.
Von SEINEM Knecht, von Dawid,
der zu IHM die Worte dieses Gesangs redete
am Tag, da ER ihn vor dem Griff all seiner Feinde und vor der Hand Schauls gerettet hatte,
er sprach:

Ich minne dich,
DU, meine Stärke!
DU, mein Schroffen, meine Bastei,
und der mich entrinnen macht,

mein Gott, mein Fels, an dem ich mich berge,
mein Schild, Horn meiner Freiheit,
mein Steilhorst!
Gepriesen, rufe ich, Er,
schon bin ich von meinen Feinden befreit.

Mich umfingen Stricke des Todes,
Sturzbäche Unheils umgrausten mich,
Stricke des Gruftreichs umrangen mich,
mich überraschten Schlingen des Tods.
Da mir angst war, rufe ich Ihn,
ich schreie zu meinem Gott:
von seiner Halle hört er meine Stimme,
mein Schrei zu seinem Antlitz kommt in seine Ohren.

Da schütterte, zitterte die Erde,
die Gründe der Berge erbebten,
erschüttert, denn auf flammte er.
Hoch entstieg Dampf seiner Nase,
Feuer fraß aus seinem Mund,
Kohlengluten zündeten draus.

Er neigte die Himmel, fuhr nieder,
Wetterdunkel ihm unter den Füßen,
er ritt auf dem Cherub, flog an,
schoß herab auf Schwingen des Sturms.
Finsternis setzt er als sein Versteck
rings um sich, als seine Verschirmung,
Finsterkern der Wasser,
Dichtgewölk der Lüfte,
von dem Schein vor ihm her
verwallte sein Gewölk, –
Hagel und Feuerkohlen!

So donnert im Himmel Er,
der Höchste gibt aus seine Stimme,
Hagel und Feuerkohlen,
seine Pfeile schickt er, sprengt sie um,
Blitze viel, tummelt sie hin.
Sichtig wurden die Betten des Wassers,
offenbar die Gründe des Lands,

von deinem Dräuen, DU,
vom Sturmanhauch deiner Nase. –

Er schickt von oben, er nimmt mich,
er enttaucht mich den vielen Wassern,
er entreißt mich meinem trotzigen Feind,
meinen Hassern, denn sie waren zu stark mir.
Sie überraschten mich am Tag meines Scheiterns,
aber ER ist mir zur Stütze geworden,
in die Weite hat er mich herausgeholt,
schnürt mich los, denn er hat an mir Lust.

ER läßt mirs reifen nach meiner Wahrhaftigkeit,
nach der Lauterkeit meiner Hände wendet er mir zu.
Ja, ich habe SEINE Wege gehütet,
von meinem Gott habe ich mich nicht fortgefrevelt.
All seine Rechtsgeheiße sind ja vor mir,
und seine Satzungen, ich lasse sie nicht von mir weichen.
Schlicht bin ich bei ihm gewesen,
vor meinem Fehl habe ich mich behütet.

ER wandte mir zu nach meiner Wahrhaftigkeit,
nach der Lauterkeit meiner Hände vor seinen Augen. –
Mit dem Holden bist du hold,
mit dem schlichten Mann bist du schlicht,
mit dem Geläuterten bist du lauter,
aber mit dem Krummen bist du gewunden.
Ja, du bists, der gebeugtes Volk freimacht
und überhebliche Augen erniedert.
Ja, du bists, der meine Leuchte erhellt.
– ER, mein Gott, durchscheint meine Finsternis. –
Ja, mit dir berenne ich die Zinne,
mit meinem Gott erspringe ich die Schanze.
Der Gottherr, schlicht ist sein Weg,
schlackenlos ist SEIN Spruch,
ein Schild ist er allen, die sich an ihm bergen.

Ja, wer ist ein Gott außer IHM,
wer ein Fels neben unserem Gott!
dem Gottherrn, der mit Macht mich umpanzert
und schlicht zu werden gibt meinem Weg!

Er macht mir die Füße hindinnengleich,
auf meine Kuppen stellt er mich hin,
er belehrt meine Hände zum Kampf,
läßt meine Arme den Erzbogen spannen. –
Du gabst mir den Schild deiner Freiheit,
deine Rechte bestätigt mich,
deine Antwort macht mich reich.

Du weitest meinen Stapf unter mir,
meine Knöchel schwanken nicht mehr,
nachjag ich meinen Feinden, erreich sie,
wende nicht, bis sie vertilgt sind,
ich zerschmettre sie, daß empor sie nicht können,
sie fallen unter meine Füße.

Du panzerst mit Macht mich zum Kampf,
duckst unter mich, die wider mich sich empörten,
meiner Feinde gibst du den Nacken mir hin,
meiner Hasser, daß ich sie schweige. –
Sie schrein, doch da ist kein Befreier,
auf IHN zu, nicht antwortet er ihnen.
Ich zerreibe sie wie Staub vor dem Wind,
wie Gassenkot leere ich sie hin.

Aus des Volkes Fehden ließest du mich entrinnen,
zum Haupt von Stämmen setztest du mich ein.
Volk, das ich nicht kannte, sie dienen mir,
aufs Hören des Ohrs gehorchen sie mir,
Söhne der Fremde, sie schmeicheln mir,
Söhne der Fremde, sie zermürben,
aus ihren Schlössern schlottern sie herbei.

ER lebt!
gesegnet mein Fels!
erhaben der Gott meiner Freiheit,
der Gottherr, der mir Rächertum gab,
der Völker unter mich trieb,
vor meinen Feinden ließ mich entrinnen! –
Wohl, du enthebst mich den wider mich Empörten,
du entreißest mich dem Manne der Unbill.

Darum danke ich dir
unter den Erdstämmen, DU,
deinem Namen harfe ich:
der seinem König große Befreiungen schafft,
hold tut an seinem Gesalbten, an Dawid,
und an dessen Samen
auf Weltzeit.

XIX

Des Chormeisters,
ein Harfenlied Dawids.

Die Himmel erzählen die Ehre Gottes,
die Tat seiner Hände meldet das Gewölb:
Sprache sprudelt Tag dem Tag zu,
Kunde zeigt Nacht der Nacht an,
kein Sprechen ists, keine Rede,
unhörbar bleibt ihre Stimme, –
über alles Erdreich fährt ihr Schwall,
an das Ende der Welt ihr Geraun.
Dem Sonnenball setzte ein Zelt er an ihnen,
der fährt wie ein Bräutigam aus seinem Gemach,
entzückt sich wie ein Held, zu laufen die Bahn,
vom Ende der Himmel ist seine Ausfahrt,
sein Umschwung an ihren Enden,
nichts bleibt vor seiner Hitze verborgen.

SEINE Weisung ist schlicht,
die Seele wiederbringend,
SEINE Vergegenwärtigung treu,
den Einfältigen weisemachend,
SEINE Anordnungen sind gerade,
das Herz erfreuend,
SEIN Gebot ist lauter,
die Augen erleuchtend,
SEINE Fürchtigkeit rein,
auf ewig bestehend.

SEINE Rechtsgeheiße sind Treue,
sie bewähren sich miteinander:
die köstlicher sind als Gold,
als Feinerzes viel,
süßer sind als Honig
und Seim der Waben.

Warnen läßt sich durch sie auch dein Knecht,
in ihrer Wahrung ist vieler Lohn.
Irrungen – wer unterscheidets?
von verborgenen ledige mich!
Auch vor Vermeßnem halte ein deinen Knecht,
nimmer möge es über mich walten!
Dann werde ich schlicht sein können,
entledigt der vielen Abtrünnigkeit.

Zugnaden seien
die Sprüche meines Mundes,
das Tönen meines Herzens
vor deinem Antlitz, DU,
mein Fels, mein Erlöser!

XX

Des Chormeisters,
ein Harfenlied Dawids.

Antworte dir ER
am Tage der Drangsal,
Horst sei dir
der Name von Jaakobs Gott!
Er sende dir Hilfe
vom Heiligtum her,
vom Zion her bestätige er dich!
Er nehme an den Gedenkteil
all deiner Hinleitspenden,
von deiner Darhöhung
die Aschenhebe noch!
/ Empor! /

Er gebe dir
nach deinem Herzen,
und all deinen Ratschluß
erfülle er!
Jubeln wollen wir
in deiner Befreiung,
im Namen unsres Gottes
Fahnen schwingen.
Er erfülle
all deine Wünsche!

Jetzt weiß ich,
daß Er befreit
seinen Gesalbten,
ihm antwortet
vom Himmel seiner Heiligkeit,
mit den Heldenkräften
seiner befreienden Rechten.
Diese da des Fahrzeugs
und diese da der Rosse,
wir aber –
des Namens Sein, unsres Gottes,
gedenken wir.
Jene knicken ein, fallen,
wir aber,
wir erstehn und überdauern.

Befreie, Du,
o König, der antwortet uns
am Tag unseres Rufens!

XXI

Des Chormeisters,
ein Harfenlied Dawids.

– Du, in deinem Siege
freut der König sich,

in deinem Befreien
wie jauchzt er sehr!
Das Begehr seines Herzens,
gegeben hast dus ihm,
das Anliegen seiner Lippen
hast nie du versagt.
/ Empor! /
Ja, du überraschest ihn
mit Segnungen des Guten,
setzest auf sein Haupt
ein Diadem von Edelerz.
Er bat dich um Leben,
du gabst es ihm,
Länge der Tage
in Zeit und Ewigkeit.
Seine Ehre ist groß
durch dein Befreien,
Hehre und Glanz
ließest du auf ihn nieder.
Ja, du setztest ihn ein
zu Segnungen auf ewig,
beseligtest ihn
mit der Freude an deinem Antlitz.
– Ja, der König ist sicher an IHM,
durch die Huld des Höchsten wird er nicht wanken. –
Langen wird deine Hand
an all deine Feinde,
deine Rechte erlangen
deine Hasser.
Du wirst sie versetzen
wie in einem Feuerofen
zur Stunde deiner Antlitzerscheinung. –
ER in seinem Zorn
wird sie verwirren,
fressen wird sie das Feuer. –
Ihre Frucht, von der Erde weg
wirst du sie schwinden lassen,
ihre Brut von den Menschenkindern.
Wenn sie Böses dir zuneigen,

Ränkewerk planen,
sie werden nichts vermögen.
Denn du setzest sie rücklings,
dann zielst du mit deinen Sehnen
ihnen ins Antlitz.

– In deinem Sieg rage, DU!
Wir wollen singen und harfen
deinem Heldentum.

XXII

Des Chormeisters, nach »Hindin Morgenröte«,
ein Harfenlied Dawids.

Mein Gott, mein Gott,
warum hast du mich verlassen?
Fern bleiben meiner Befreiung
die Worte meines Notschreis.
»Meine Gottheit!« rufe ich tags
und du antwortest nicht,
nachts, und nicht wird mir Stillung.

O Heiliger du,
auf Jiſsraels Preisungen thronend,
an dir wußten unsre Väter sich sicher,
sicher, und du ließest sie entrinnen,
zu dir schrien sie und durften entschlüpfen,
an dir gesichert wurden nie sie beschämt.

Ich aber, Wurm und nicht Mensch,
Hohn der Leute, verachtet vom Volk, –
die mich sehn, spotten mein alle,
verziehn die Lippe, schütteln den Kopf:
»Wälz es auf IHN!« – »Der läßt ihn entrinnen,
rettet ihn, denn er hat an ihm Lust!«

Ja, du bists,
der aus dem Leib mich hervorbrechen ließ,
mich sicherte an der Brust meiner Mutter.

Auf dich bin ich vom Schoß an geworfen,
vom Leib meiner Mutter her bist du mein Gott.
Nimmer bleibe mir fern,
nah ja ist die Bedrängnis,
da ist ja kein Helfer!

Umringt haben mich viele Farren,
Baschans Stierrecken mich umschränkt.
Ihr Maul sperren sie wider mich auf,
eine Löwenschar, reißend und schreiend.
Ich bin hingeschüttet wie Wasser,
trennen wollen sich all meine Knochen,
mein Herz ist worden wie Wachs,
in meinen Eingeweiden zerflossen,
meine Kraft ist dürr wie ein Scherben,
an meinen Schlund geklebt meine Zunge.

Du rückst mich in den Staub des Todes!
Hunde haben mich ja umringt,
umkreist mich eine Rotte von Bösgesinnten,
sie fesseln mir Hände und Füße,
zählen kann ich all meine Knochen.
Jene blicken herzu, sie besehn mich,
sie teilen unter sich meine Kleider,
über mein Gewand lassen sie fallen das Los.

Oh DU,
nimmer bleibe fern!
du mein Wesensstand,
zu meiner Hilfe eile!
Rette meine Seele vorm Schwert,
meine Einzige vor der Tatze des Hundes,
befreie mich aus dem Maul des Löwen, –
wider Wisenthörner gibst du mir Antwort!

Ich will von deinem Namen meinen Brüdern erzählen,
inmitten der Versammlung will ich dich preisen:
»Ihr IHN Fürchtenden, preiset ihn,
aller Same Jaakobs, ehret ihn,
erschauert vor ihm, aller Same Jiſsraels!
Denn er hat nicht mißachtet,

hat nicht verschmäht
die Gebeugtheit des Gebeugten,
hat sein Antlitz vor ihm nicht versteckt,
hat gehört, wenn er zu ihm gestöhnt hat.«
Von dir her ist mein Preisen
in großer Versammlung. –
Meine Gelübde will ich bezahlen
den ihn Fürchtenden zugegen.

Essen sollen die sich Hinbeugenden
und sie sollen ersatten,
preisen sollen IHN, die nach ihm fragen!
Aufleben soll euch auf ewig das Herz! –
Bedenken werdens
und werden umkehren zu DIR
alle Ränder der Erde,
vor dir sich bücken aller Stämmewelt Sippen. –
Denn SEIN ist die Königschaft,
er waltet der Weltstämme.

Gegessen haben sie nun
– und haben sich gebückt –
alle Markigkeiten der Erde,
sie knien vor ihm,
die in den Staub waren gesunken,
wer seine Seele nicht halten konnte am Leben.
Der Same darf ihm nun dienen,
erzählt wird von meinem Herrn dem Geschlecht,
die kommen, die melden
seine Bewährung
dem nachgeborenen Volk:
daß ers getan hat.

XXIII

Ein Harfenlied Dawids.

ER ist mein Hirt,
mir mangelts nicht.

Auf Grastriften
lagert er mich,
zu Wassern der Ruh
führt er mich.
Die Seele mir
bringt er zurück,
er leitet mich
in wahrhaftigen Gleisen
um seines Namens willen. –
Auch wenn ich gehn muß
durch die Todschattenschlucht,
fürchte ich nicht Böses,
denn du bist bei mir,
dein Stab, deine Stütze –
die trösten mich.
Du rüstest den Tisch mir
meinen Drängern zugegen,
streichst das Haupt mir mit Öl,
mein Kelch ist Genügen.
Nur Gutes und Holdes
verfolgen mich nun
alle Tage meines Lebens,
ich kehre zurück
zu DEINEM Haus
für die Länge der Tage.

XXIV

Von Dawid, ein Harfenlied.

SEIN ist die Erde und was sie füllt,
der Boden und seine Siedler.
Denn selber er gründete ihn über Meeren,
festigte über Strömungen ihn.

– Wer darf SEINEN Berg ersteigen?
wer darf stehn an seinem Heiligtumsort?
– Der an Händen Unsträfliche,
der am Herzen Lautere,

der zum Wahnhaften nicht hob seine Seele
und zum Truge nicht schwur.
Segen erhebt er von IHM,
Bewahrheitung vom Gott seiner Freiheit.
Dieses ist das Geschlecht
derer, die nach ihm fragen.
– Die dein Antlitz suchen, Jaakob ists.
/ Empor! /

– Hebet, Tore, eure Häupter,
erhebt euch, Pforten der Weltzeit,
daß der König der Ehre komme!
– Wer ists, der König der Ehre?
– ER, sieghaft und heldisch,
ER, heldisch im Kampf.
– Hebet, Tore, eure Häupter,
hebt sie, Pforten der Weltzeit,
daß der König der Ehre komme!
– Wer ist das, der König der Ehre?
– ER, der Umscharte,
das ist der König der Ehre.
/ Empor! /

XXV

Von Dawid.

Zu dir, DU,
hebe ich meine Seele.

Mein Gott,
an dir sichre ich mich.
Möge nimmer zuschanden ich werden,
mögen meine Feinde sich an mir nimmer ergötzen!
Alle auch, die auf dich hoffen,
zuschanden werden sie nicht,
die werden zuschanden,
die ums Leere haben verraten.

Laß mich, DU, deine Wege erkennen,

lehre mich deine Pfade!
Führe mich in deiner Treue den Weg,
so lehre mich!
Denn du bist der Gott meiner Freiheit,
auf dich hoffe ich all den Tag.

Gedenke deines Erbarmens, DU,
und deiner Hulden,
denn sie sind von der Urzeit her.
Der Versündigungen meiner Jugend
und meiner Abtrünnigkeiten
wolle nimmer gedenken,
deiner Huld nach gedenke du mein,
um deiner Güte willen, DU! –

Gut und gerade ist ER,
drum unterweist er die Sündigen
in dem Weg.
Des Wegs führt er die sich Hinbeugenden
im Rechtsgeheiß,
lehrt die sich Beugenden seinen Weg.
Alle SEINE Pfade,
Huld und Treue sind sie
denen, die wahren seinen Bund,
seine Vergegenwärtigungen. –
Um deines Namens willen, DU,
so verzeih meinen Fehl,
denn sein ist viel.

Wer ists, der Mann, der IHN fürchtet?
ihn unterweist er im Weg, den er wähle.
Seine Seele nächtigt im Guten,
sein Same ererbt das Land.
SEIN Einvernehmen ist der ihn Fürchtenden,
sein Bund ists, sie erkennen zu lassen.
Auf IHN ist mein Augenmerk stets,
denn er ists,
der aus dem Nerz holen wird meine Füße.

Wende dich zu mir
und leihe mir Gunst,

denn einsam bin ich und gebeugt.
Meines Herzens Beengungen weite,
aus meinen Nöten hole mich hervor!
Sieh meine Gebeugtheit und Pein
und ertrage all meine Sünden!
Sieh meine Feinde an,
daß ihrer viele sind
und sie unbilligen Hasses mich hassen!
Behüte meine Seele,
rette mich,
lasse nimmer zuschanden mich werden,
denn ich berge mich an dir.
Schlichtheit und Geradheit
mögen mich bewahren,
denn ich hoffe auf dich.

Gilt, o Gott, Jiſsrael ab
aus all seinen Einengungen!

XXVI

Von Dawid.

Rechte für mich, DU,
denn ich, in meiner Schlichtheit bin ich gegangen
und an DIR habe ich mich gesichert,
ich werde nicht schwanken.

Prüfe mich, DU, und erprobe mich,
schmilz mir Nieren und Herz aus!
Denn Holdschaft zu dir ist mir vor den Augen,
ich ergehe mich in der Treue zu dir.
Ich saß nicht bei Leuten des Wahnspiels,
bei Verhohlenen trat ich nicht ein,
ich hasse die Versammlung der Bösgesinnten,
bei Frevlern sitze ich nicht.

Ich bade meine Hände in Unsträflichkeit,
daß ich deine Opferstatt umkreisen darf, DU,
Stimme des Danks hören zu lassen,

all deine Wunder zu erzählen.
DU, ich liebe den Hag deines Hauses,
den Ort, wo dein Ehrenschein wohnt.

Entraffe nimmer meine Seele mit Sündern,
mein Leben mit Blutmenschen,
an deren Fingern Zuchtlosigkeit ist
und deren Rechte voll ist die Bestechung!

Mich aber, der in meiner Schlichtheit ich gehe,
gilt mich ab und leihe mir Gunst! –
Mein Fuß tritt auf ebenen Plan:
in den Weihversammlungen segne ich IHN.

XXVII

Von Dawid.

Mein Licht und meine Freiheit ist ER,
vor wem mich fürchten?
Die Trutzwehr meines Lebens ist ER,
vor wem erschrecken?

Nahen Bösgesinnte wider mich,
mein Fleisch zu fressen,
gegen mich meine Bedränger und Feinde,
straucheln die, fallen.

Wenn ein Heerlager wider mich lagert,
nicht fürchtet mein Herz,
wenn ein Kampf ersteht wider mich,
dabei bin ich gesichert.

Eines habe von IHM ich erwünscht,
das ists, was ich suche:
Sitz zu haben in SEINEM Haus
all meine Lebenstage,
SEINE Mildigkeit schauen zu dürfen,
morgendlich in seiner Halle zu sein.

Denn er verwahrt mich in seiner Schirmung

am Tag des Bösgeschicks,
er versteckt mich im Versteck seines Zeltes,
auf den Fels hebt er mich.

Und dann hebt sich mein Haupt über meine Feinde
rings um mich her,
opfern werde ich in seinem Zelte
Opfer mit Jubelschmettern,
singen und harfen IHM. –

Höre, DU, meine Stimme, ich rufe,
leihe Gunst mir, antworte mir!
Dir spricht mein Herz nach:
»Suchet mein Antlitz!« –
dein Antlitz suche ich, DU!
verstecke dein Antlitz nimmer vor mir!

Nimmer lehne im Zorn deinen Knecht ab!
Meine Hilfe bist du gewesen,
nimmer verstoße mich,
nimmer verlasse mich,
Gott meiner Freiheit!
– Ja, mögen mich mein Vater, meine Mutter verlassen,
ER holt mich heim. –

Weise mir, DU, deinen Weg,
leite mich auf ebenem Pfad
um meiner Verleumder willen!
Gib mich nimmer dem Übermut meiner Bedränger,
denn Lügenzeugen stehn auf wider mich,
der Unbill Schnaubende! –

Oh vertraute ich nicht,
SEINE Güte zu sehn
im Lande des Lebens!
Hoffe zu IHM!
sei stark,
dein Herz straffe sich,
und hoffe zu IHM!

XXVIII

Von Dawid.

Zu dir rufe ich, DU,
mein Fels, sei nimmer mir taub!
Sonst, schweigst du mich ab,
gleiche ich den in die Grube Gesunknen.
Höre die Stimme meines Gunsterflehns,
wann ich stöhne zu dir,
wann meine Hände ich hebe
zur Zelle deines Heiligtums!

Zieh mich nimmer hinweg mit den Frevlern,
mit den Argwirkenden,
die Frieden reden mit ihren Genossen
und Böses ist in ihrem Herzen!
Gib ihnen nach ihrem Wirken,
nach der Bosheit ihrer Sitten,
nach dem Tun ihrer Hände gib ihnen,
das von ihnen Gefertigte laß auf sie kehren! –
Denn sie achten nicht auf SEINE Werke
und auf das Tun seiner Hände:
er wird sie niederreißen und nicht wiedererbaun.

Gesegnet ER,
denn er hat gehört
die Stimme meines Gunsterflehns!
ER ist meine Wehr und mein Schild,
gesichert an ihm war mein Herz,
und mir ist geholfen worden.
Fröhlich ist nun mein Herz,
durch meinen Gesang will ich ihm danken.
ER ist Wehr seinem Volk,
Trutzwehr der Befreiungen
seines Gesalbten ist er.

Befreie dein Volk,
segne dein Eigentum,
weide sie,

trage sie
bis in die Weltzeit hin!

XXIX

Ein Harfenlied Dawids.

Zollt IHM, Göttersöhne,
zollt IHM Ehre und Macht!
zollt IHM seines Namens Ehre,
werft euch IHM im Erglänzen der Heiligung hin!

SEIN Schall ist über den Wassern,
der Gott der Ehre hat gedonnert,
ER über den vielen Wassern.
SEIN Schall ist in der Kraft,
SEIN Schall ist in dem Glanz,
SEIN Schall bricht Zedern entzwei,
zerbrochen hat ER die Libanonzedern.
Wie ein Kalb läßt er sie hüpfen,
Libanon und Sſirjon wie ein Wisentjunges.
SEIN Schall haut Feuerlohen aus,
SEIN Schall macht die Wüste sich winden,
sich winden, ER, die Wüste von Kadesch.
SEIN Schall macht die Hindinnen kreißend sich winden
und er schält die Wälder ab.
Und in seiner Halle
spricht alles: Ehre!

ER thronte schon über der Flut,
als König thront ER in Weltzeit.
ER wird Wehr seinem Volke geben.
ER wird sein Volk segnen mit Frieden.

XXX

Ein Harfenlied, Sang der Weihung des Hauses, von Dawid.

Erheben will ich dich, DU,
denn du hast mich heraufgewunden,
ließest meine Feinde sich meiner nicht freun.

Du, mein Gott,
zu dir habe ich gestöhnt,
und du hast mich geheilt.
Du, mein Gott,
aus dem Gruftreich hast du meine Seele geholt,
hast mich belebt
hervor aus den in die Grube Gesunknen.
Harfet Ihm, ihr seine Holden,
bekennt euch zum Gedenken seiner Erheiligung!
Denn einen Nu in seinem Zorn,
ein Leben in seiner Gnade!
Am Abend geht ein Weinen zu nachten,
und um den Morgen ists Jubel.

Ich freilich, ich hatte gesprochen
in meiner Zufriedenheit:
»Auf Weltzeit wanke ich nie.«
Du, mit deiner Gnade
hattest du Wehr meinem Berge bestellt, –
du verstecktest dein Antlitz,
ich ward verstört.
Angerufen habe ich dich, Du,
um Gunst meinen Herrn angefleht:
»Was für Gewinn ist an meinem Blut,
an meinem Sinken zur Schluft?
kann der Staub dich bekennen?
kann er deine Treue vermelden?
Höre mich, Du, leihe mir Gunst!
Du, sei ein Helfer mir!«
Du wandeltest meinen Trauergang mir zum Reigen,
du öffnetest mein Sackgewand
und umschürztest mich mit Freude,
auf daß das Ehren harfe dir
und nicht stille werde:
Du, mein Gott,
in Weltzeit will ich dir danken.

XXXI

Des Chormeisters,
ein Harfenlied Dawids.

An dir, DU, berge ich mich,
in Weltzeit möge ich nimmer zuschanden werden!
In deiner Wahrhaftigkeit laß mich entrinnen!
Neige dein Ohr mir zu,
eilends errette mich,
werde zum Trutzfelsen mir,
zum Basteienhaus, mich zu befrein.
Ja, du bist mein Schroffen, meine Bastei,
um deines Namens willen
wirst du mich leiten,
wirst du mich führen,
aus dem Netz wirst du mich holen,
das sie heimlich mir legten.
Ja, du bist meine Trutzwehr.

In deine Hand
verordne ich meinen Geist:
du giltst mich ab,
DU, Gott der Treue!
Ich hasse sie,
die Dunstgebilde hüten des Wahns,
ich aber, zu DIR hin
sichere ich mich.
Jauchzen werde ich, mich freuen
an deiner Huld,
der du meine Gebeugtheit ersahst,
die Bedrängnisse meiner Seele erkanntest,
und nicht beschlossest du in Feindeshand mich,
stelltest meine Füße ins Weite.

Gunst leihe mir, DU,
denn ich bin bedrängt.
Stumpf ward im Gram mein Auge,
meine Seele und mein Leib.
Denn im Kummer verzehrt sich mein Leben,

meine Jahre in Ächzen,
in meinem Fehlgehn strauchelt die Kraft mir,
und meine Gebeine erstumpfen.
Vor all meinen Bedrängern ward ich ein Hohn,
meinen Anwohnern gar sehr,
ein Schrecken meinen Bekannten,
die mich draußen sehn, entflattern vor mir.
Vergessen bin ich wie ein Toter dem Herzen,
wie ein verlornes Gerät bin ich worden.

Ja, ich höre das Flüstern der Vielen,
ein Grauen ringsumher,
da sie mitsammen wider mich munkeln:
sie ränkeln, mir die Seele zu nehmen.
Ich aber,
bei dir sichere ich mich, DU,
ich spreche: Du bist mein Gott.
In deiner Hand sind meine Fristen,
rette mich vor der Hand meiner Feinde,
vor meinen Verfolgern!
Laß dein Antlitz über deinen Knecht leuchten,
befreie mich in deiner Huld!
DU,
nimmer kann ich zuschanden werden,
da ich dich habe angerufen!
zuschanden werden die Frevler,
werden zum Gruftreich geschweigt,
die Lügenlippen verstummen,
die wider den Bewährten frech reden,
mit Hoffart und Verachtung.

Wie reich ist dein Gut,
das du verspart hast
denen, die dich fürchten,
gewirkt hast
ihnen, die sich an dir bergen,
den Menschenkindern zugegen!
Du versteckst sie
im Versteck deines Antlitzes
vor den Zettelungen der Leute,

versparst sie in einer Schirmung
vorm Streit der Zungen. –
Gesegnet ER,
denn wunderbar lieh er mir seine Huld
in eingeengter Stadt! –

Ich freilich,
in meiner Bestürzung hatte ich gesprochen:
»Abgeschnitten bin ich,
von deinen Augen hinweg!«
Jedoch du hattest gehört
die Stimme meines Gunsterflehns,
als ich stöhnte zu dir.

Liebet IHN,
ihr seine Holden alle!
Die Getreuen wahrt ER,
aber er zahlt nach dem Faden
dem, der hoffärtig handelt.
Seid stark,
euer Herz straffe sich,
die all ihr harret auf IHN!

XXXII

Von Dawid, eine Eingebungsweise.

O Glück dessen,
dem Abtrünnigkeit getragen,
Versündigung zugehüllt ward!
O Glück des Menschen,
dem eine Verfehlung nicht zurechnet ER,
da in seinem Geiste kein Trug ist!

Als ichs verschweigen wollte,
morschten meine Gebeine
von meinem Geschluchz alletag,
denn tages und nachts
wuchtete auf mir deine Hand,
verwandelt war mein Saft

in Sommerdörrnisse.
/ Empor! /

Meine Sünde wollte ich dir kundtun,
mein Fehlen verhüllte ich nicht mehr,
ich sprach: »Eingestehen will ich
IHM meine Abtrünnigkeiten!« –
und du selber trugst den Fehl meiner Sünde.
/ Empor! /

Um dies bete jeder Holde
zu dir in der Stunde des Findens!
Beim Anspülen vieler Wasser, gewiß,
an ihn gelangen sie nicht.
Du bist mir ein Versteck,
vor der Drangsal bewahrst du mich,
mit dem Jubel des Entrinnens
umgibst du mich.
/ Empor! /

»Ich will dir eingeben,
ich will dich unterweisen
im Weg, den du gehn sollst,
raten will ich,
auf dich ist mein Augenmerk.
Nimmer seid wie ein Pferd,
wie ein Maultier ohne Verstand,
mit Zaum und Halfter
muß man bändigen seine Wildheit,
[sonst dürfte nie es dir nahn]!«

Viele Schmerzen hat der Frevler,
wer aber sich sichert an IHM,
den umgibt er mit Huld.
Freut euch an IHM,
jauchzt, ihr Bewährten,
jubelt auf,
all ihr Herzensgeraden!

XXXIII

Jubelt, ihr Bewährten, um IHN!
Den Geraden ist Preisung geziemend.
Sagt IHM Dank zur Leier,
auf zehnsaitiger Laute spielt ihm,
singt ihm einen neuen Gesang,
trefflich rührets zum Schmettern!

Denn gerade ist SEINE Rede,
alles was er macht ist in Treuen.
Er liebt Wahrheit und Recht,
SEINER Huld ist das Erdreich voll.

Durch SEINE Rede sind die Himmel gemacht,
durch den Hauch seines Munds all ihr Heer.
Die Meereswasser stapelt er staudammgleich,
gibt in Speicher die Wirbel.

Fürchten muß sich vor IHM alles Erdreich,
vor ihm erschauern alle Siedler des Bodens!
Denn er ists der sprach und es ward,
er der gebot und es erstand.

ER zerbröckelt den Rat der Weltstämme,
erstickt die Pläne der Völker, –
SEIN Rat, in die Zeiten besteht der,
seines Herzens Pläne für Geschlecht um Geschlecht.

O Glück des Stammes, dem ER Gott ist,
des Volks, das er zu eigen sich wählte!

Vom Himmel nieder blickt ER,
er sieht alle Adamskinder,
von der Feste seines Sitzes beschaut er
alle Siedler der Erde,
der ihr Herz bildet zumal,
der unterscheidet all ihre Gemächte.

Keine Befreiung wird dem König
durch die Fülle der Heermacht,
der Held wird nicht errettet

durch die Fülle der Kraft,
Täuschung ist das Roß zur Befreiung,
durch seine Machtfülle hilfts nicht entschlüpfen.

Da, SEIN Augenmerk ist
auf die ihn Fürchtenden,
die seiner Huld Harrenden,
ihre Seele vom Tode zu retten,
sie in Hungersnot am Leben zu halten.

Unsre Seele wartet IHM zu,
er ist uns Hilfe, uns Schild.
Ja, an ihm freut sich unser Herz,
denn an seinem Heiligungsnamen
haben wir uns gesichert.

Sei deine Huld, DU, über uns,
gleichwie wir geharrt haben dein!

XXXIV

Von Dawid,
als er vor Abimelech sein Gebaren änderte, und der trieb ihn fort und er ging.

Segnen will ich allstündlich IHN,
stets ist in meinem Mund seine Preisung.
Um IHN preist sich meine Seele,
die sich Beugenden hörens und freun sich.
Sagt von SEINER Größe mit mir,
erheben wir seinen Namen mitsammen!

Ich habe IHN gesucht
und er hat mir geantwortet,
aus all meinen Grausen hat er mich gerettet.
Die auf ihn blicken, schimmern auf,
nimmer wird ihr Antlitz beschämt.
Der Gebeugte da hat gerufen
und ER hat gehört,
aus all seinen Bedrängnissen hat er ihn befreit.

Es lagert ein Bote von IHM
rings um die ihn Fürchtenden
und schnürt sie los.

Schmeckt und seht, wie ER gut ist, –
o Glück des Mannes, der sich an ihm birgt!
Fürchtet IHN, ihr ihm Geheiligten,
denn die ihn Fürchtenden haben keinen Mangel.
Jungleun müssen darben und hungern,
aber die nach IHM fragen ermangeln nicht alles Guts.

Geht, Söhne, her, hört mir zu,
IHN fürchten will ich euch lehren.

Wer ist der Mensch,
der Lust hat am Leben,
Tage liebt, Gutes zu sehn?
Wahre deine Zunge vorm Bösen,
deine Lippen vorm Trugreden,
weiche vom Bösen, tu Gutes,
trachte nach Frieden, jage ihm nach!

SEINE Augen gehn auf die Bewährten hin,
seine Ohren auf ihr Stöhnen,
SEIN Antlitz auf die Täter des Bösen,
ihr Gedächtnis von der Erde zu rotten.
Jene schrien und ER hörte,
aus all ihren Bedrängnissen rettete er sie.
Nah ist ER denen gebrochenen Herzens,
und die am Geist Geduckten befreit er.

Des Bewährten Bösgeschicke sind viele,
aber aus allen rettet ER ihn.
Er behütet alle seine Gebeine,
von ihnen wird nicht eines gebrochen.
Töten wird den Frevler das Bösgeschick,
des Bewährten Hasser werden es büßen.
ER gilt die Seele seiner Knechte ab,
nicht büßen alle, die sich bergen an ihm.

XXXV

Von Dawid.

Bestreite DU, meine Bestreiter,
bekriege meine Bekrieger!
Schild und Tartsche erfasse,
in meiner Hilfe steh auf!
Zücke Lanze und Axt
meinen Verfolgern entgegen!
Sprich zu meiner Seele:
»Ich bin deine Befreiung!«
Zu Schande und Schimpf sollen werden,
die nach der Seele mir trachten,
zurück prallen, sich schämen,
die Böses mir planten,
sie sollen werden wie Spreu vor dem Wind,
und der stößt, SEIN Bote ists!
Ihr Weg werde Finsternis
und Schlüpfrigkeiten,
und der sie jagt, SEIN Bote ists!
Denn grundlos legten sie mir ihr Grubennetz aus,
grundlos schaufelten sie meiner Seele.
Verheerung komme an den, eh ers erkennt,
sein Netz fange ihn, das er gelegt hat,
in der Verheerung falle er drein!
Meine Seele aber,
jauchzen wird sie um IHN,
sich entzücken an seinem Befreien!
Sprechen werden all meine Gebeine:
O DU, wer ist dir gleich,
der den Gebeugten errettet
vor dem, der stärker als er ist,
den Gebeugten, den Dürftigen
vor seinem Berauber!

Unbillzeugen stehn auf,
heischen von mir, was ich nicht kenne.
Sie zahlen mir Böses für Gutes,

Verwaisung ists meiner Seele.
Ich ja, wann sie erkrankten,
Sackleinen war mein Kleid,
in Kasteiung beugte ich meine Seele
[mein Gebet kehre mir in den Busen!],
als wärs mir ein Genosse, ein Bruder,
bin ich einhergegangen,
wie der um die Mutter trauert,
düsterfarben, war ich gebückt;
bei meinem Ausgleiten aber
frohlocken sie, rotten sie sich,
rotten wider mich sich zusammen,
schlagsüchtig, ich erkenne sie nicht,
zerren und wollen nicht ruhn,
mit ruchlos lallender Fratze
fletschen sie wider mich ihre Zähne.

Mein Herr,
wie lang siehst du es an?!
Wiederkehren laß meine Seele
von ihren Verheerungen,
von den Leun meine Einzige!
Ich will dir danken
in großer Versammlung,
in mächtigem Volk
will ich dich preisen.
Nimmer dürfen über mich sie frohlocken,
die lügnerisch mich befeinden,
die grundlos mich hassen
einkneifen das Aug!
Denn Friedlosigkeit reden sie,
wider die Gelaßnen im Land
ersinnen sie Reden des Trugs.
Ihren Mund weiten sie wider mich,
sprechen: »Ha! ha!
nun hats unser Auge ersehn!«
Gesehen hast du es, DU!
nimmer schweige, mein Herr,
nimmer bleibe mir fern!

Rege dich, erwache
für mein Recht, mein Gott,
mein Herr, für meinen Streit!
Rechte für mich
nach deiner Wahrhaftigkeit,
DU, mein Gott!
Nimmer dürfen über mich sie sich freuen,
nimmer dürfen in ihrem Herzen sie sprechen:
»Ha! unsre Seelenlust!«,
nimmer sprechen: »Wir haben ihn verschlungen!«
Zuschanden müssen werden und sich schämen zumal,
die sich über mein Bösgeschick freuen,
in Schande sich kleiden und Schimpf,
die großtun wider mich!
Jubeln werden, sich freuen,
die Lust haben an meiner Bewahrheitung,
stets werden sie sprechen:
»Groß ist ER,
der Lust hat am Frieden seines Knechts!«
Und austönen wird meine Zunge
deine Bewährung,
all den Tag deinen Preis.

XXXVI

Des Chormeisters,
von SEINEM Knecht, von Dawid.

Ein Erlauten der Abtrünnigkeit, vom Frevler:
»Drinnen in meinem Herzen
gibts keinen Schrecken Gottes –
ihm in die Augen!«
denn glattgemacht hat der es ihm
– in seinen Augen –:
um seinen Fehl zu befinden,
den hassenswerten!
Die Reden seines Mundes,
Arg ists und Trug,

er hat aufgehört zu begreifen,
gutzutun,
Arg plant er noch auf seinem Lager,
er stellt sich auf den unguten Weg,
nicht überdrüssig wird er des Bösen.

DU,
am Himmel ist deine Huld,
deine Treue bis in die Lüfte,
deine Bewährung Gottesbergen gleich,
deine Gerichte dem großen Wirbel,
Mensch und Tier machst du frei, DU.
Wie köstlich ist deine Huld, Gott:
die Menschenkinder,
im Schatten deiner Flügel
dürfen sie sich bergen,
am Mark deines Hauses sich laben,
du tränkst sie vom Bach deiner Wonnen.
Denn bei dir ist der Born des Lebens,
in deinem Lichte sehen wir Licht.

Erhalte deine Huld
denen, die dich kennen,
deine Bewährung
den Herzensgeraden!
Nimmer komme an mich
der Fuß der Hoffart!
die Hand der Frevler,
nimmer scheuche sie mich!
Dort, sie fallen,
die Argwirkenden,
werden umgestoßen
und vermögen sich nicht zu erheben.

XXXVII

Von Dawid.

Entflamme nimmer gegen die Bösgesinnten,
beneide nimmer die Täter des Falschs,

denn schnell werden sie erschlaffen wie Gras,
werden welken wie grünes Kraut.
Sei gesichert an IHM und tue gut,
wohne im Land und weide in Vertrauen,
und erquicke dich an IHM,
und deines Herzens Wünsche wird er dir geben.
Wälze IHM deinen Weg zu
und sei gesichert bei IHM,
er wirds tun.
Er führt hervor wie das Licht deine Wahrheit,
dein Recht wie die Mittagshelle.
Sei IHM still und erharre ihn!
Entflamme nimmer gegen einen,
dem sein Weg gelingt,
gegen den Menschen, der Ränke auftut!
lasse vom Zorn, entsage dem Grimm,
entflamme nimmer, nur zum Bösen taugts!

Denn ausgerottet werden die Bösgesinnten,
aber die auf IHN hoffen, die erben das Erdland.
Ein geringes noch,
und kein Frevler ist mehr da,
du achtest auf seinen Ort –
er ist nicht mehr!
Aber die Hingebeugten erben das Land,
erquicken sich an der Fülle des Friedens.
Ränkelt gegen den Bewährten der Frevler,
fletscht er wider ihn seine Zähne,
mein Herr lacht seiner,
denn er sieht, wie herankommt sein Tag.
Ein Schwert haben die Frevler gezückt,
sie haben ihren Bogen gespannt,
den Gebeugten, Dürftigen zu fällen,
die Wegesgeraden zu schlachten, –
in ihr eigenes Herz kommt ihr Schwert,
ihre Bogen werden zerbrochen.

Besser ist dem Bewährten Geringes
als der vielen Frevler Gepränge,

denn der Frevler Arme werden zerbrochen,
aber die Bewährten hält ER.
ER kennt die Tage der Schlichten,
ihr Eigentum bleibt auf Weltzeit.
Zur Zeit des Bösgeschicks werden sie nicht zuschanden,
sie werden satt in den Tagen des Hungerleidens.
Ja, die Frevler gehen verloren,
SEINE Feinde, wie die Pracht der Auen
schwinden sie, im Rauch schwinden sie hin.
Der Frevler entleiht und will nicht bezahlen,
der Bewährte aber gönnt und gibt.
Ja, SEINE Gesegneten erben das Land,
SEINE Verfluchten werden ausgerottet.
Von IHM her sind die Stapfe des Mannes
bereitet, an seinem Weg hat er Lust,
wenn er fällt, wird er nicht hingestreckt,
denn ER ists, der seine Hand hält.
Ich war jung, alt auch bin ich worden
und sah nie einen Bewährten verlassen
und seinen Samen suchend nach Brot:
all den Tag vergönnt er und leiht,
sein Same ist zum Segen.

Weiche vom Bösen, tu Gutes,
und so wohne auf Weltzeit!
Denn ER liebt die Gerechtigkeit
und verläßt die ihm Holden nicht,
auf Weltzeit sind sie behütet,
der Frevler Same aber wird ausgerottet.
Die Bewährten erben das Land,
und ewig wohnen sie drauf.
Weisheit tönt der Mund des Bewährten,
Gerechtigkeit redet seine Zunge,
seines Gottes Weisung ist ihm im Herzen,
nie schwanken seine Schritte.
Der Frevelsschuldige bespäht den Bewährten
und sucht ihn zu töten, –
ER überläßt ihn nicht seiner Hand
und schuldigt ihn nicht, wann man ihn richtet.

Hoffe IHM zu,
hüte seinen Weg,
und er wird dich erhöhn,
zu erben das Land,
die Ausrottung der Frevler
wirst du besehn.
Ich sah einen Frevler trotzig
und sich entfaltend wie ein üppiger Sproß,
man zog vorüber –
da war keiner mehr,
ich suchte ihn –
er war nicht zu finden.
Hüte den Schlichten,
sieh auf den Geraden:
daß Nachblieb hat ein Mann des Friedens.
Die Abtrünnigen aber,
mitsammen werden sie vertilgt,
ausgerottet wird der Nachblieb der Frevler.
Das Freiwerden der Bewährten,
von IHM her ists,
ihre Trutzwehr in der Stunde der Drangsal.
ER hilft ihnen,
er läßt sie entrinnen,
entrinnen läßt er sie vor den Frevlern,
er befreit sie,
denn an ihm haben sie sich geborgen.

XXXVIII

Ein Harfenlied Dawids,
zum Gedenkenlassen.

DU! nimmer
strafe in deinem Grimm mich,
züchtige in deiner Glut mich!
Denn in mich sind deine Pfeile gefahren,
deine Hand fährt auf mich ein.
Kein Heiles ist an meinem Fleisch

von deinem Dräuen her,
kein Friede in meinen Gebeinen
von meiner Sünde her.
Denn meine Verfehlungen
überlagern mein Haupt,
gleich einer schweren Last,
allzu schwer sind sie mir worden.
Stinkig, faulig sind meine Beulen
von meiner Torheit her,
verkrümmt, geduckt bin ich gar sehr,
düsterfarben gehe ich all den Tag,
ja, voller Brands sind meine Lenden,
kein Heiles ist an meinem Fleisch.
Gar sehr bin ich erlahmt und zerschlagen,
schluchzen muß ich
vor dem Tumult meines Herzens.
Mein Herr,
gegenwärtig dir ist all mein Begehren,
mein Ächzen ist vor dir nicht versteckt.
Zuckend pocht mein Herz,
meine Kraft hat mich verlassen,
das Licht meiner Augen –
auch die sind nicht mehr mit mir.
Meine Lieben, meine Genossen,
seitab stehen sie meiner Plage,
meine Nahen,
fernhin haben sie sich gestellt.
Schlingen legen,
die nach der Seele mir trachten,
die mir Böses suchen reden Verhängnis,
Trügerei murmeln sie all den Tag.
Ich aber bin gleich einem Tauben,
höre nicht,
gleich einem Stummen,
der seinen Mund nicht öffnet,
gleiche einem Mann, der nicht hört,
in dessen Mund keine Entgegnungen sind.

Denn dir zu harre ich, DU,

du bists, der antworten soll,
mein Herr, mein Gott!
Denn ich spreche:
Sonst frohlocken sie um mich,
wann mein Fuß wankt, tun sie über mich groß!
Denn fürs Ausgleiten halte ich mich bereit,
stets ist mir gegenwärtig mein Leiden.
Denn ich melde meine Verfehlung,
um meine Sünde sorge ich mich.
Die mich ums Leben befeinden, sind Menge,
viele sind, die mich hassen aus Lug,
die Böses zahlen für Gutes,
sie behadern mich
dafür, daß ich nachjage dem Guten.
Nimmer verlasse mich, DU,
mein Gott, sei nimmer mir fern,
eile zu meiner Hilfe,
mein Herr, meine Befreiung!

XXXIX

Des Chormeisters, für Jedutun,
ein Harfenlied Dawids.

Gesprochen hatte ich:
»Bewahren will ich meine Wege
vorm Sündigen mit meiner Zunge,
verwahren meinen Mund mit Zaumwerk,
solang noch der Frevler vor mir ist!«
Zu Tiefstille bin ich verstummt,
schweigen muß ich vom Guten,
doch mein Leid ist aufgerührt,
mein Herz glüht mir im Innern,
bei meinem Seufzen entbrennt ein Feuer –
ich rede mit meiner Zunge:

Lasse, DU, mein Ende mich kennen,
meiner Tage Maß, was es sei,
kennen will ich, wie ich hinfällig bin.

Spannenbreite, ach, gabst du meinen Tagen,
meine Weile, vor dir ist sie wie nichts,
allsamt ein Dunst nur ist all der aufrechte Mensch.
/ Empor! /

Nur als ein Schattenbild geht jedermann,
nur Dunst ist, um was sie lärmen,
man schüttet auf und kennt nicht, wers heimst.
Und nun, was hoff ich, mein Herr?
Mein Harren, dir gilt es.
Rette mich aus all meinen Abtrünnigkeiten,
sezte mich des Nichtigen Hohn nimmer aus!
Ich bin verstummt, ich öffne nicht meinen Mund,
denn du bists, ders gemacht hat.
Tu ab von mir deine Plage,
vor deiner Hand Befehdung muß ich dahin!
Mit Strafen für Fehl
züchtigst du den Mann,
zerfaserst mottengleich seine Pracht.
Ein Dunst nur ist aller Mensch!
/ Empor! /

Höre, DU, mein Gebet,
meinem Stöhnen lausche,
zu meinen Tränen bleib nimmer taub!
Ein Gast ja bin ich bei dir,
ein Beisaß wie all meine Väter, –
laß sichs abheften von mir,
daß ich aufblinken kann,
eh ich gehe und nicht mehr bin!

XL

Des Chormeisters,
von Dawid, ein Harfenlied.

– Erhofft, erhofft habe ich IHN,
und er hat sich zu mir geneigt,
hat mein Stöhnen erhört.

Hoch zog er mich
aus dem brodelnden Loch,
aus dem Moorschlamm,
stellte auf Gestein meine Füße,
festigt meine Schritte.
Und er gab mir in den Mund
neuen Gesang,
Preisung unserem Gott.
Viele schauens
und erschauern
und werden sicher an IHM.

– O Glück des Mannes,
der einsetzte IHN
als seine Sicherheit
und sich nicht kehrte
an Ungestüme,
in Täuschung Verstrickte!

– Viel hast du getan,
DU, mein Gott,
deiner Wunderwerke,
deiner Planungen
an uns
– nichts ist dir anzureihn! –,
will ich melden,
will ich reden,
Übermenge sind sie dem Erzählen.

Nach Schlachtmahl, Hinleitspende
gelüstets dich nicht:
Ohren hast du mir gebohrt.
Darhöhung, Entsündungsgabe
heischest du nicht.
Nun spreche ich:
Da komme ich
mit der Rolle eines Buchs,
auf mir ists geschrieben:
Zu tun dein Gefallen,
mein Gott, habe ich Lust,

deine Weisung ist meinem Innern inmitten.

Ich bringe Wahrhaftiges aus
in großer Versammlung,
da, meine Lippen verhalte ich nicht,
selber weißt du es, DU,
deine Bewährung hülle ich nicht
mitten mir im Herzen,
dein Betreuen,
dein Befreiertum
spreche ich aus,
nicht verhehle ich
deine Huld,
deine Treue
großer Versammlung.

DU, enthalte du mir dein Erbarmen nicht vor!
deine Huld,
deine Treue
mögen stets mich behüten!
Denn mich umzingeln
Bösgeschicke bis zur Unzahl,
meine Fehle holen mich ein,
daß ich aufzusehn nicht vermag:
Übermenge sind sie,
mehr als Haare meines Haupts, –
und mein Herz verläßt mich.
Lasse, DU, dirs gefallen
mich zu erretten,
DU, zu meiner Hilfe eile!

Zuschanden müssen werden und sich schämen zumal,
die mir nach der Seele trachten, sie hinzuraffen,
zurückprallen, zu Schimpfe werden,
die an meinem Bösgeschick sich erlustigen,
erstarren zufolge ihrer Schande,
die zu mir sprechen: Ha! ha!
Entzücken sollen sich, sich freuen an dir
alle, die nach dir trachten,
stets sollen sprechen:

»Groß ist ER!«,
die dein Befreiertum lieben.

Ich hier,
gebeugt und bedürftig, –
mein Herr plane für mich!
Was mir aufhilft,
was mich entrinnen macht
bist du:
mein Gott, säume nimmer!

XLI

Des Chormeisters,
ein Harfenlied Dawids.

O Glück dessen, der auf den Schwachen bedacht ist!
Am Tag des Bösgeschicks läßt ER ihn entschlüpfen.
ER bewacht ihn, hält ihn am Leben,
daß er beglückt sei auf Erden
– nimmer gibst du ihn dem Übermut seiner Feinde! –
ER stützt ihn auf dem Bette des Siechtums
– all sein Lager wendest du, da er krank ist –.

Ich da habe gesprochen:
»DU, leihe mir Gunst,
heile mein Gemüt, denn dir habe ich gesündigt!
Böses sprechen von mir meine Feinde:
›Wann stirbt er, daß schwinde sein Name!‹
Und kommt einer, sichs zu besehn,
Wahnspiel redet er,
sein Herz sammelt sich Arg ein,
kommt er auf die Gasse, redet ers aus.
Einig tuscheln sie sichs zu wider mich,
wider mich all meine Hasser,
sie spinnen Böses mir an:
›Unheimlich Ding ist ergossen in ihn,
nun er sich legte, steht er nie wieder auf!‹
Auch der Mann meines Friedensbunds,

auf den ich mich verließ,
Mitesser meines Brots,
macht die Große Ferse über mich.
Du aber, DU, leihe mir Gunst!
richte mich auf,
daß ichs ihnen bezahle!«

Daran habe ich erkannt,
daß du Lust hast an mir:
daß mein Feind nicht jubeln darf über mich.
Mich da
in meiner Schlichtheit,
du hast mich gefaßt,
stelltest mich vor dein Antlitz
auf Weltzeit. –

Gesegnet ER,
der Gott Jiſsraels,
von der Weltzeit her und für die Weltzeit!
Jawahr, jawahr!

XLII

Des Chormeisters,
eine Eingebungsweise der Korachsöhne.

Wie die Hinde lechzt
an Wasserbetten,
so lechzt meine Seele,
Gott, nach dir.

Meine Seele dürstet
nach Gott, nach dem lebenden Gottherrn:
wann darf ich kommen,
mich sehn lassen vor Gottes Antlitz?

Meine Träne ist mir Brot worden
tages und nachts,
da man all den Tag zu mir spricht:
Wo ist dein Gott?

Dieses will ich gedenken
und ausschütten meine Seele in mir:
wie im Schwarme ich zog,
voran wallte zu Gottes Haus
mit der Stimme Jubels und Danks,
im Rauschen des Festreihns.

Was versenkst du dich, meine Seele,
und rauschest in mir!
Harre auf Gott!
ja, noch werde ich ihm danken
seines Antlitzes Befreiungen,
meinem Gott.

In mir versenkt sich meine Seele,
drum daß ich gedenke dein
vom Lande des Jordan,
der Hermonsgipfel
vom Geringen Berg:

Wirbel ruft dem Wirbel
beim Hall deiner Rinnen,
all deine Brandungen,
deine Wogen,
über mich sind sie gefahren. –

Tags, daß seine Huld ER entbiete,
und nachts bei mir ist sein Sang,
Gebet zum Gottherrn meines Lebens.
Ich spreche zu meinem göttlichen Fels:

Warum hast du mich vergessen?
warum muß ich düsterfarb gehn
in der Umklammrung des Feinds?
Mit Mordqual mir ins Gebein
höhnen mich meine Bedränger,
da sie all den Tag zu mir sprechen:
Wo ist dein Gott?

Was versenkst du dich, meine Seele,
was rauschest du in mir!
Harre auf Gott!

ja, noch werde ich ihm danken –
meines Antlitzes Befreiungen,
ihm, meinem Gott.

XLIII

Rechte für mich, Gott,
streite meinen Streit!
vor dem unholden Stamm,
vorm Mann des Trugs und des Falschs
laß mich entrinnen!

Du bist ja der Gott meiner Trutzwehr,
warum hast du uns verabscheut,
warum muß ich düsterfarb gehn
in der Umklammrung des Feinds!

Sende dein Licht und deine Treue,
die sollen mich leiten,
mich zu deinem Heiligtumsberg kommen lassen,
zu deinen Wohnungen hin:

daß ich zu Gottes Opferstatt komme,
zum Gottherrn meiner jauchzenden Freude
und Dank sage dir auf der Leier,
Gott, mein Gott!

Was versenkst du dich, meine Seele,
was rauschest du in mir!
Harre auf Gott!
ja, noch werde ich ihm danken –
meines Antlitzes Befreiungen,
ihm, meinem Gott.

XLIV

Des Chormeisters,
von den Korachsöhnen, eine Eingebungsweise.

Gott!

Mit unsern Ohren haben wirs gehört,
unsre Väter habens uns erzählt,
Werk, das du wirktest in ihren Tagen,
in den Tagen von voreinst.
Du selbst, deine Hand, hast Stämme enterbt,
sie aber eingepflanzt,
hast Nationen zerschellt,
sie aber ausgeschickt.
Nicht mit ihrem Schwert ja ererbten das Land sie,
ihr Arm, nicht befreite er sie,
sondern deine Rechte, dein Arm
und deines Antlitzes Licht.
Ja, du hast sie begnadet.

Du bist es, mein König, o Gott –
entbiete Jaakobs Befreiungen!
Mit dir
rammen wir unsre Bedränger,
mit deinem Namen
zerstampfen wir die wider uns Erstandnen.
Ja, nicht mit meinem Bogen sichre ich mich,
mein Schwert, nicht wirds mich befrein,
du ja befreist uns von unsern Bedrängern,
unsre Hasser lässest zuschanden du werden.
Gottes preisen wir uns all den Tag,
in Weltzeit danken wir deinem Namen.
/ Empor! /

Wohl, du hast uns verworfen
und hast uns Schimpf angetan,
zogst in unsern Scharen nicht aus,
triebst uns vor dem Bedränger zurück,
daß sich vollplünderten unsere Hasser,
gabst wie Schafe uns hin, die als Fraß gehn,
unter die Erdstämme worfeltest du uns,
verkauftest dein Volk für ein Ungeld,
nicht steigertest du ihren Preis,
machtest unsern Anwohnern aus uns einen Hohn,
Spott und Posse denen rings um uns her,
machtest ein Gleichnis aus uns unter Stämmen,

ein Kopfschütteln unter Nationen.
All den Tag ist mir mein Schimpf gegenwärtig,
die Schamröte meines Antlitzes hüllt mich,
vor der Stimme des Höhners und Hudlers,
vor des Feindes, des Rachsüchtigen Antlitz.

All dies ist gekommen an uns,
und doch haben wir dein nicht vergessen,
nicht gelogen haben wir deinem Bund.
Nicht wich zurück unser Herz,
bog von deinem Pfad ab unser Schritt,
wenn du uns ducktest am Ort der Schakale,
uns umhülltest mit Todesschatten.
Hätten wir des Namens unsres Gottes vergessen,
zu fremder Gottheit unsre Hände gebreitet,
würde Gott dieses nicht erforschen?
er kennt ja die Heimlichkeiten des Herzens.
Ja, um dich werden all den Tag wir gewürgt,
wie Schafe für die Schlachtbank geachtet.

Rege dich!
warum schläfst du, mein Herr!
erwache!
nimmer verwirf uns in die Dauer!
warum versteckst du dein Antlitz,
vergissest unsre Not, unsre Umklammrung!
Unsre Seele ist ja gesenkt in den Staub,
unser Leib klebt am Boden.
Steh auf
zur Hilfe uns!
gilt uns ab
deiner Huld zu willen!

XLV

Des Chormeisters, nach »Lilien«,
von den Korachsöhnen, eine Eingebungsweise, ein Freundschaftsgesang.

Von guter Rede summt mir das Herz,

ich spreche: Einem König gilt mein Tun.
O meine Zunge, geschwinder Schreibergriffel!

Schön, schön bist du vor Menschensöhnen,
Gunstreiz ist dir auf den Lippen ergossen,
drum: Gott hat dich in die Zeit hin gesegnet.

Gürte, Held, dein Schwert an die Hüfte,
deine Hehre und deinen Glanz!
Dein Glanz ists: dringe durch!
reite
für die Sache der Treue,
der gebeugten Wahrhaftigkeit,
und im Furchtgebietenden unterweise dich deine Rechte!
Deine gespitzten Pfeile
– Völker fallen unter dir hin –
ins Herz der Feinde des Königs!

Dein Stuhl ist Gottes
in Zeit und Ewigkeit,
ein Stab der Geradheit
der Stab deines Königtums.
Du liebst Wahrhaftigkeit
und hassest Frevel,
drum hat Gott, dein Gott dich gesalbt
mit Öl des Entzückens
vor deinen Gefährten.

Myrrhe, Aloe, Kassia,
all deine Gewandkammern sinds,
von Elfenbeinhallen her
erfreut dich Saitenklang,
unter deinen Köstlichen sind Königstöchter,
zur Rechten dir steht die Gemahlin
in Ofirmetall.

Höre, Tochter, sieh her,
neige dein Ohr
und vergiß dein Volk und das Haus deines Vaters!
Begehrt deine Schönheit der König,
er ist ja dein Herr,

so bücke dich ihm!
Und die Tochter Tyrus mit Spende,
dein Anlitz sänften
die Reichen der Völkerschaft.
In schwerer Pracht ganz
ist die Königstochter im Binnenraum,
aus Goldgeflechten ihr Kleid,
über Buntgewirk
wird sie zum König geführt,
Mädchen ihr nach,
ihre Genossinnen:
»Für dich hat man sie kommen lassen.«
Sie werden geführt mit Freudenrufen und Jauchzen,
sie kommen in die Königshalle.

An deiner Väter Statt
werden dir Söhne sein,
zu Fürsten wirst du sie setzen
in allem Land. –

Gedenken will ich deinen Namen
in allem Geschlecht und Geschlecht,
drum: Völker werden dir danken
in Zeit und Ewigkeit.

XLVI

Des Chormeisters,
von den Korachsöhnen, in der Jugend-Tonart, ein Gesang.

Gott ist uns Bergung und Wehr,
als Hilfe in Bedrängnissen
gar sehr befunden.
Drum fürchten wir nicht,
ob die Erde wechselt,
ob die Berge wanken
im Herzen der Meere.
Mögen seine Wasser toben, schäumen,
vor seinem Hochfahren die Berge schüttern:
/ Empor! /

Ein Strom ist, dessen Läufe
erfreun die Gottesstadt,
heiligste Wohnungen des Höchsten.
Gott ist drinnen in ihr,
nie wird sie wanken:
helfen wird ihr Gott
um die Morgenwende.
Weltstämme toben,
Königreiche wanken –
er gibt seine Stimme aus:
die Erde birst!
Bei uns ist ER der Umscharte,
Jaakobs Gott uns steiler Horst.
/ Empor! /

Geht aus, schaut SEINE Werke,
der Erstarren einsetzt auf Erden:
die Kriege verabschiedet er
bis ans Ende des Erdreichs,
er zerbricht den Bogen,
die Lanze splittert er,
er verbrennt die Wagen im Feuer:
»Lasset ab und erkennt, daß ich Gott bin!
erhoben unter den Stämmen,
erhoben will ich auf Erden sein.«
Bei uns ist ER, der Umscharte,
Jaakobs Gott uns steiler Horst.
/ Empor! /

XLVII

Des Chormeisters,
von den Korachsöhnen, ein Harfenlied.

Alle Völker ihr, klatscht in die Hand!
schmettert Gotte mit Jubelhall zu!
Ja, ER, der Höchste, ist furchtbar,
großer König ob allem Erdreich!

Er zwingt unter uns Völker,

Nationen uns unter die Füße,
er erwählt uns unser Eigentum,
den Stolz Jaakobs, den er liebt.
/ Empor! /

Hoch stieg Gott unter Schmettern,
Er beim Hall der Posaune.
Harfet Gotte zu, harfet!
harfet unserm Könige, harfet!
Denn König alles Erdreichs ist Gott –
eine Eingebungsweise spielt auf!
Die Königschaft trat Gott an
über die Weltstämme,
Gott setzte sich
auf den Stuhl seines Heiligtums.
Versammelt sind die Edeln der Völker,
das Volk von Abrahams Gott.
Ja, Gottes sind die Schilde des Erdreichs,
sehr erhöht ist er.

XLVIII

Ein Gesang, Harfenlied der Korachsöhne.

Groß ist Er und sehr gepriesen
an der Stadt unseres Gottes,
dem Berg seines Heiligtums:
gipfelschön,
Entzücken alles Erdreichs
ist der Zionsberg,
der nördliche Rücken.
Burg des mächtigen Königs!
Gott tat an ihren Palästen sich kund
als steiler Horst.
Denn da, Könige trafen zusammen, –
mitsammen zogen sie her.
Kaum sahn die, so mußten sie staunen,
verstört waren sie, waren bestürzt.
Ein Zittern faßte sie dort,

ein Krampf wie der Gebärenden:
mit einem Winde von Osten her
zerbrichst du die Tarschisch-Schiffe. –
Wie wirs gehört hatten, so sahn wirs
an SEINER, des Umscharten, Stadt,
an der Stadt unseres Gottes:
aufrecht hält Gott sie auf Weltzeit.
/ Empor! /

Wir besinnen, Gott, deine Huld
drinnen in deiner Halle.
Wie dein Name, Gott, so ist dein Preis
hin an die Enden der Erde.
Der Bewährung voll ist deine Rechte,
des freut sich der Zionsberg,
die Töchter Jehudas jauchzen
um deiner Gerichte willen.

Umkreiset den Zion, umzirkt ihn,
zählt seine Türme,
setzt euer Herz an seinen Wall,
erklimmet seine Paläste,
damit ihrs erzählet
dem späten Geschlecht:
Ja, dieses ist Gott,
unser Gott ists
in Weltzeit und Ewigkeit,
er wird uns lenken
über den Tod.

XLIX

Des Chormeisters,
von den Korachsöhnen, ein Harfenlied.

Hört dies, ihr Völker alle,
lauschet, all ihr Siedler der Weile,
so Söhne der Leute,
so Söhne des Herrn,

Reicher und Dürftiger mitsammen!
Weisheit wird reden mein Mund,
Vernunft ist das Tönen meines Herzens.
Ich neige einem Gleichspruch mein Ohr,
ich erschließe zur Leier mein Rätsel.

Warum soll ich fürchten
in den Tagen des Bösgeschicks,
da die Fehlhaftigkeit
mich umkreist meiner Fersenschleicher,
die sich sicher wähnen durch ihre Habe,
ob der Fülle ihres Reichtums sich preisen!
Kann doch den Bruder gültig abgelten niemand,
kann Gotte für ihn Deckung nicht geben
– zu teuer ist die Abgült ihrer Seele,
man muß drauf in Weltzeit verzichten –,
daß er noch in die Dauer lebe,
nicht die Grube sehen müsse!
Nein, sehn muß er! Sterben die Weisen,
schwinden auch Narr und Tölpel mitsammen,
andern lassen sie ihre Habe, ihr Innres,
ihre Häuser auf Weltzeit,
ihre Wohnungen auf Geschlecht um Geschlecht.
Sie riefen ihre Namen
über Ländereien aus,
aber der Mensch, in der Köstlichkeit
darf er nicht übernachten,
er ist dem Vieh zu vergleichen, das stummgemacht wird.

Dies ist der Weg jener, die Dreistigkeit hegen,
ihnen nach müssen, denen ihr Mundwerk gefällt.
/ Empor! /
Wie Schafe traben sie ins Gruftreich,
der Tod ists, der sie weidet,
während morgendlich mit dem Ihren schalten die Geraden.
Ihr Gebild soll im Gruftreich zermorschen,
es braucht keinen Söllerbau mehr!
Meine Seele jedoch wird abgelten Gott
aus der Hand des Gruftreichs, wenn er mich nimmt!
/ Empor! /

Nimmer fürchte, wenn reich wird ein Mann,
wenn das Gewicht seines Hauses sich mehrt!
Denn im Tod nimmt er all das nicht mit,
seine Gewichtigkeit sinkt ihm nicht nach.
Wenn er beim Leben auch segnet seine Seele:
»... und man dankts dir, daß du gütlich dir tatst«,
kommen muß sie zum Geschlecht seiner Väter,
die für die Dauer das Licht nicht mehr sehn.
Der Mensch in der Köstlichkeit, –
vernimmt er nicht,
ist er dem Vieh zu vergleichen, das stummgemacht wird.

L

Ein Harfenlied Aſsafs.

Der Gottherr, Gott, Er hat geredet,
aufgerufen hat er die Erde
vom Aufstrahlen der Sonne
bis zu ihrem Untergang.
Vom Zion, Vollendung der Schönheit,
ist Gott erschienen
– unser Gott kommt.
nimmer schweigt er! –,
vor ihm her frißt ein Feuer,
rings um ihn stürmt es sehr.
Er ruft dem Himmel droben, der Erde,
zu urteilen seinem Volk:
»Ladet mir die mir Holden,
die überm Schlachtmahl schlossen meinen Bund!«
Und der Himmel meldet seinen Wahrspruch,
da Gott selber Richter ist:
/ Empor! /

»Höre, mein Volk, ich will reden,
Jiſsrael, wider dich will ich zeugen,
ich, Gott, dein Gott.
Nicht um deine Schlachtopfer mahne ich dich,
sind doch deine Darhöhungen stets mir zugegen.

Ich mag aus deinem Hause den Farren nicht nehmen,
aus deinen Pferchen die Böcke.
Denn mein ist alles Waldgetier,
auf dem Bergetausend das Wild,
ich kenne alle Vögel der Berge,
das Gewimmel des Felds ist bei mir.
Hungerte ich, ich sagte dir es nicht an,
denn der Boden und seine Fülle ist mein.
Soll das Fleisch der Stiere ich essen,
trinken das Blut der Böcke?!
Opfere Gotte Dank,
zahle dem Höchsten so deine Gelübde!
Und dann rufe mich am Tage der Drangsal,
ich will dich losschnüren und du wirst mich ehren.«

Zum Frevler aber sagt Gott:
»Was hast du aufzuzählen meine Gesetze
und trägst meinen Bund in deinem Munde!
Und du bist es, dem Zucht verhaßt ist,
und wirfst hinter dich meine Reden.
Siehst einen Dieb du, gefällts dir bei ihm,
und bei Verbuhlten hast du dein Teil,
deinen Mund schickst auf Böses du aus,
und deine Zunge spannt den Betrug vor.
Sitzest du, verredest du deinen Bruder,
gibst Unglimpf auf den Sohn deiner Mutter.
Dieses hast du getan –
schwiege nun ich, du meintest, es sei,
daß ich deinesgleichen wäre.
Ich ermahne dich, ich reihe dirs vor die Augen:
vernehmt dies doch, ihr Gottesvergeßnen,
sonst zerreiße ich, und da ist kein Retter!
Wer Dank opfert, ehrt mich.
Wer Weg macht,
Gottesfreiheit lasse ich ihn ansehn.«

LI

Des Chormeisters,
ein Harfenlied Dawids:
als zu ihm Natan der Künder gegangen kam, damals als er
zu Batscheba eingegangen war.

Gunst leihe mir, Gott,
nach deiner Huld!
nach der Fülle deines Erbarmens
lösche meine Abtrünnigkeiten!
wasche mich völlig ab
von meinem Fehl,
von meiner Sünde reinige mich!

Denn meine Abtrünnigkeiten,
selber erkenne ich sie,
meine Sünde ist mir stets gegenwärtig
– an dir allein habe ich gesündigt,
das in deinen Augen Böse getan –,
damit du wahr erscheinst in deinem Reden,
klar in deinem Richten.

Wohl, wurde gekreißt ich in Fehl,
empfing brünstig mich meine Mutter in Sünde,
wohl, doch hast du Gefallen an Treue
bis in den Fibern,
machst im Geheimsten Weisheit mir kenntlich:
entsündige mich mit Ysop,
daß ich rein werde,
wasche mich,
daß ich weißer werde als Schnee!

Lasse mich hören Entzücken und Freude,
jauchzen sollen die Gebeine,
die du geschlagen hast!
Verstecke dein Antlitz vor meinen Sünden,
all meine Fehle lösch aus!
Ein reines Herz schaffe mir, Gott,
einen festen Geist erneue in meinem Innern!
Verwirf mich nimmer von deinem Antlitz,

den Geist deiner Heiligung nimm nimmer von mir!
Laß das Entzücken deiner Freiheit mir kehren,
mit dem Geist der Willigkeit stütze mich:
ich soll die Abtrünnigen lehren deine Wege,
daß die Sündigen umkehren zu dir.

Rette aus Bluttat mich, Gott,
Gott meines Freiwerdens:
jubeln soll meine Zunge
deine Bewährung!
Mein Herr, öffne meine Lippen,
und mein Mund wird deinen Preis melden.
Denn Gefallen am Schlachtmahl hast du nicht, daß ichs gäbe,
Darhöhung schätzest du nicht zugnaden:
Schlachtmahle für Gott sind ein gebrochener Geist,
ein gebrochenes, zerschlagenes Herz,
Gott, du wirsts nicht verschmähen. –

Tue Zion gut in deiner Gnade,
baue die Mauern Jerusalems auf,
dann wirst du dir Schlachtmahle des Wahrbrauchs gefallen lassen,
Darhöhung und Ganzopferbrand,
dann sollen auf deine Schlachtstatt Farren dargehöht werden.

LII

Des Chormeisters,
eine Eingebungsweise Dawids:
als Doeg der Edomiter kam und es Schaul meldete und zu ihm sprach: Dawid ist in das Haus Achimelechs gekommen.

Was preisest du dich der Bosheit, Gewaltsmann,
als einer Gotteshuld all den Tag!
Verhängnis plant deine Zunge,
einem geschliffnen Schermesser gleich,
Täter der Trügerei!
Du liebst Böses mehr als Gutes,
Lüge mehr als Wahrheit reden.
/ Empor! /

Du liebst alle Reden des Verblüffens,
Zunge des Betrugs!
So wird Gott auch für die Dauer dich stürzen,
dich raffen, aus dem Zelte dich reißen,
dich entwurzeln aus dem Lande des Lebens!
/ Empor! /

Die Bewährten werden schaun und erschauern,
und auflachen werden sie über ihn:
»Da ist der Mann,
der Gott zu seiner Trutzwehr nicht machte
und sich sicherte mit der Fülle seines Reichtums,
auf seine Verhängnismacht trotzte!«
Ich aber bin wie ein üppiger Ölbaum
in Gottes Haus,
ich weiß mich sicher in Gottes Huld
für Weltzeit und Ewigkeit. –
Auf Weltzeit will ich dir danken,
denn du hast es getan,
deinen Namen erharren, denn er ist gütig,
den dir Holden zugegen.

LIII

Des Chormeisters, nach »Die Krankheit ...«
eine Eingebungsweise Dawids.

Der Nichtige spricht in seinem Herzen:
»Da gibts keinen Gott!«
Verderbt, vergreuelt haben sie das Falsch,
keiner ist mehr, der Gutes tut.

Vom Himmel nieder lugt Gott
auf die Adamskinder,
zu sehn, ob ein Begreifender west,
ein nach Gott Fragender.

All das ist abgewichen,
angefault sind sie mitsammen,

keiner ist mehr, der Gutes tut,
auch kein einziger mehr!

Haben sies nicht erkannt,
die Argwirkenden,
die mein Volk Verzehrenden:
sie verzehren ein Brot,
drüber Gott man nicht anrufen kann!

Dort, sie schrecken zusammen im Schreck,
da Schreckendes nicht geschah,
denn Gott hat deines Belagrers Gebeine zerstreut.
Du machst sie zuschanden,
denn Gott hat sie verworfen. –

Wer gibt von Zion her
Befreiung Jiſsraels!
Wann kehren läßt Gott
Wiederkehr seinem Volk,
wird Jaakob jauchzen,
wird sich Jiſsrael freun.

LIV

Des Chormeisters, zum Saitenspiel,
eine Eingebungsweise Dawids, –
als die Sifiter kamen und zu Schaul sprachen: Versteckt sich nicht Dawid bei uns?

Gott, mit deinem Namen befreie mich,
mit deiner Gewalt urteile mir!
Gott, höre mein Gebet,
lausche den Sprüchen meines Munds!
Denn Abgefremdete erheben sich wider mich,
Wütige trachten mir nach der Seele,
sie halten Gott sich nicht entgegen.
/ Empor! /

Da, Gott ist Helfer mir,
mein Herr ist Stütze meiner Seele:

auf meine Verleumder kehre sich das Böse,
in deiner Treue schweige sie!
In Willigkeit werde ich opfern dir,
deinem Namen danken, DU, denn er ist gütig,
denn aus aller Drangsal hat er mich gerettet,
meine Feinde darf mein Auge besehn.

LV

Des Chormeisters, zum Saitenspiel,
eine Eingebungsweise Dawids.

Lausche, Gott, meinem Gebet!
nimmer hehle dich meinem Flehn!
merke auf mich, antworte mir!
Ich streife mit meiner Klage umher.
Verstört bin ich
von der Stimme des Feindes,
vor dem Martern des Frevlers,
denn sie rollen Arg auf mich nieder,
im Zorn behadern sie mich.
Mein Herz windet sich mir im Innern,
Todesängste sind auf mich gefallen,
Furcht und Zittern kommt mich an,
zugehüllt hat mich der Schauder,
daß ich spreche:
Wer gibt eine Schwinge mir gleich der Taube,
ich entflöge und suchte Wohnung,
wohl, ich flatterte fernhin,
nächtigte in der Wüste!
  / Empor! /
Ich ereilte mir ein Entrinnen
vor dem sausenden Wind, vor dem Sturm.

Wirre, mein Herr,
spalte ihre Zunge!
Denn ich sehe Unbill und Streit in der Stadt,
tags und nachts umkreisen sie die
auf ihren Mauern,

ihr im Innern sind Arg und Pein,
ihr im Innern ist Verhängnis,
nicht rührt sich von ihrem Markte
Erpressung und Betrug.

Doch nicht ein Feind höhnt mich
– ich wollte es tragen –,
nicht mein Hasser hat großgetan wider mich
– ich wollte mich vor ihm verstecken –,
nein, du, ein Mensch mir gleichwert,
mein Gefährte und mein Vertrauter,
die miteinander süßes Einvernehmen wir pflogen,
ins Haus Gottes gingen im Getümmel. –
Der Tod überrumple sie!
lebend sollen sie sinken ins Gruftreich!
denn wo sie gasten, ist Böses ihnen im Innern.

Ich, zu Gott rufe ich
und ER wird mich befrein,
abends, morgens und mittags
klage ich und ich stöhne. –
Gehört hat er doch meine Stimme,
hat meine Seele abgegolten in Frieden
vor dem Angriff auf mich,
denn zu vielen waren sie mir entgegen.
Erhören wird der Gottherr und antworten ihnen,
er, der von ureinst her thront,
/ Empor! /
da es für sie kein Wechselseits gibt
und sie Gott nicht fürchten.

Jener legt seine Hand an die ihm Befriedeten,
seinen Bund gibt er preis,
glatt sind die Rahmworte seines Munds,
aber Angriff ist sein Herz,
seine Reden dünken weicher als Öl,
aber gezückte Degen sind sie.
Wirf auf IHN dein Geschick,
er selber wird dich versorgen,
er gibt auf Weltzeit nicht zu,

daß ein Bewährter wanke.
Du selber, Gott, wirst sie senken
in die Brunnentiefe der Grube,
die Männer von Bluttat und Trug
erreichen die Hälfte nicht ihrer Tage.
Ich aber, ich weiß mich sicher an dir.

LVI

Des Chormeisters, nach »Verstummte Taube unter Fernen«,
von Dawid, ein Sühngedicht, –
als ihn die Philister festhielten in Gat.

Gunst leihe mir, Gott,
denn die Leute schnappen nach mir,
bekriegend umklammern sie mich all den Tag,
all den Tag schnappen meine Verleumder,
ja, viele sinds, die mich hochher bekriegen.
Den Tag, da ich fürchten müßte,
ich, mit dir bin ich sicher.
An Gott, dessen Rede ich preise,
an Gott habe ich mich gesichert,
ich fürchte mich nicht,
was kann Fleisch mir tun!

All den Tag trüben sie meine Worte,
wider mich ist all ihr Planen zum Bösen,
sie reizen auf, setzen Nachsteller an,
die bewachen meine Fersen.
Gleichwie sie meiner Seele zuharren:
zum Arg ein Entrinnen ihnen!
in den Völkerzorn laß, Gott, sie sinken!
Selber zählst du mein Schleichen –
in deinen Schlauch tu meine Träne,
ist nicht in deiner Zählung auch sie?
Dann müssen rückwärts meine Feinde sich kehren
am Tag, da ich rufe, –
dies erkannte ich, daß Gott für mich ist.
An Gott, dessen Rede ich preise,

an IHM, dessen Rede ich preise,
an Gott habe ich mich gesichert,
ich fürchte mich nicht,
was kann ein Mensch mir tun!

Deine Gelübde, Gott, liegen mir ob,
Dankbarkeit will ich dir zahlen,
denn du rettest meine Seele vom Tod,
nicht wahr? meine Füße vom Anstoß,
einherzugehen vor Gottes Antlitz,
im Lichte des Lebens.

LVII

Des Chormeisters, »Verderbe nimmer«,
von Dawid, ein Sühngedicht, –
da er vor Schaul auf der Flucht war in der Höhle.

Leihe Gunst mir, Gott, leihe mir Gunst,
denn an dir birgt sich meine Seele.
Ich berge mich im Schatten deiner Flügel,
bis vorüberzog das Verhängnis.

Ich rufe zu Gott dem Höchsten,
dem Gottherrn, ders vollführt über mich.
Er wird vom Himmel senden und mich befrein,
mag auch höhnen, der nach mir schnappt.
/ Empor! /
Senden wird Gott
seine Huld und seine Treue.

Meine Seele ist inmitten von Löwen,
liegen muß ich bei Sengenden,
Menschenkinder sinds,
deren Zähne sind Speer und Pfeile,
deren Zunge ein scharfes Schwert.
Schwinge dich über den Himmel, Gott,
über alles Erdreich deine Ehre!

Sie hatten ein Netz für meine Tritte befestigt,

er bog mir die Seele zurück,
sie hatten vor mir eine Grube gebohrt,
nun fielen sie mitten hinein.
/ Empor! /

Fest ist mein Herz, Gott,
fest ist mein Herz,
singen will ich, harfen will ich.
Ermuntre dich, meine Ehre,
ermuntre dich, du Laute und Leier,
ermuntern will ich das Morgenrot.

Unter den Völkern will ich dir danken,
mein Herr,
unter den Nationen dir harfen,
denn bis an den Himmel groß ist deine Huld,
bis an die Lüfte deine Treue.
Schwinge dich über Himmel, Gott,
über alles Erdreich deine Ehre!

LVIII

Des Chormeisters, »Verderbe nimmer«,
von Dawid, ein Sühngedicht.

Treulich: redet ihr, Gottwesen, Wahrspruch?
richtet ihr mit Geradheit die Menschenkinder?
Vielmehr herzhaft wirkt ihr Verfälschung,
im Land wägt ihr die Unbill eurer Hände dar! –
Abgefremdet sind die Frevler vom Schoß an,
vom Mutterleib an abgeirrt die Redner der Täuschung.
Ein Gift haben sie, dem Schlangengift ähnlich,
sind gleich der tauben Otter, die ihr Ohr verstockt,
welche nicht hört auf die Stimme der Zaubrer,
des erzklugen Haftbannhefters.

– Gott, zermalme ihnen die Zähne im Mund,
das Gebiß der Leuen zerkrache, DU!
Sie sollen zerrinnen wie Wasser, die sich verlaufen!
– Spanne der nur, wie gekappt sind seine Pfeile!

Wie die Schnecke verrinnt, muß er zerlaufen! –
Fehlgeburt des Weibes, schaun sie die Sonne nie!
Eh sies merken, eure Stacheln des Wegdorns:
ob er lebensfrisch ob ausgedörrt ist,
schon hats ihn hinweggestürmt.

Freuen soll sich der Bewährte,
denn er hat Ahndung geschaut,
er darf seine Tritte baden
im Frevlerblut.
Sprechen wird der Mensch:
Gewiß, Frucht ist dem Bewährten,
gewiß, Gottheit west,
im Erdlande richtend!

LIX

Des Chormeisters, »Verderbe nimmer«,
von Dawid, ein Sühngedicht:
als Schaul gesandt hatte und sie das Haus bewachten, ihn zu töten.

Vor meinen Feinden rette mich, mein Gott,
steilhin entrücke mich vor den gegen mich Aufgestandnen!
Vor den Argwirkenden rette mich,
befreie mich vor den Männern der Bluttat!
Denn da lauern sie auf meine Seele,
die Trotzigen reizen wider mich auf –
nicht meine Abtrünnigkeit ists, meine Sünde nicht, DU!
Ohne Verfehlung rennen sie an, richten sich:
rege dich mir entgegen und sieh –
bist du, DU, Gott, Umscharter, doch der Gott Jissraels!
Erwache, all den Weltstämmen zuzuordnen!
Leih nimmer Gunst all den Arg Tückenden!
/ Empor! /

Abendlich kehren sie wieder,
heulen wie das Hundepack
und umkreisen die Stadt,

da geifern mit ihrem Mund sie,
Schwerter sind auf den Lippen ihnen,
denn: »Wer hörts?!«
Du aber, DU, wirst ihrer lachen,
wirst all der Weltstämme spotten.

Meine Trutzwehr! ich warte dir zu.
Ja, Gott ist mein Horst!
Mein Gott der Huld überrascht mich,
Gott läßt mich niedersehn auf meine Verleumder. –

Erwürge sie nimmer,
sonst möchte es mein Volk einst vergessen!
mit deinem Heere treibe sie um,
laß sie sinken, unser Schild du, mein Herr,
durch ihres Munds Sünde, ihrer Lippen Gered,
daß sie sich in ihrer Hoffart verfangen,
vom Meineid, von der Heuchelei selbst erzählen.
Vollziehs in der Grimmglut, vollziehs,
und nichts sind sie, und sie erkennen,
daß Gott in Jaakob der Waltende ist
– bis an die Ränder der Erde.
/ Empor! /

Und kehren sie abendlich wieder,
heulen wie das Hundepack
und umkreisen die Stadt,
sie die umhertreiben nach Fraß
und, werden sie nicht satt, knurren:
ich, deine Wehr will ich singen,
morgendlich bejubeln deine Huld.
Denn du bist mir ein Horst geworden,
eine Zuflucht am Tag, da ich bedrängt war.
Meine Wehr! ich spiele dir auf:
Ja, Gott ist mein Horst,
mein Gott der Huld!

LX

Des Chormeisters,
nach »Lilie«, eine Bezeugung, ein Sühngedicht Dawids –
zum Lehren –:
als er mit dem Aramäer des Zwiestromlandes und mit dem Aramäer von Zoba focht und Joab kehrte zurück und schlug Edom im Salztal, zwölftausend.

Gott, du hast uns verworfen,
du hast uns durchbrochen,
du hast gezürnt –
laß es uns wiederkehren!
Du hast das Land erschüttert, zerspellt –
heile seine Risse, es wankt ja!

Hast du Hartes dein Volk sehen lassen,
hast uns mit Wein zum Taumel getränkt,
den dich Fürchtenden gabst du ein Bannerzeichen,
daß es sich abzeichne vor der Redlichkeit her.
/ Empor! /
Damit deine Freunde losgeschnürt werden,
befreie mit deiner Rechten, antworte uns! –

Gott hat in seinem Heiligtum geredet:
»Ergötzen will ich mich,
Sichem will ich verteilen,
die Tiefebne von Sſukkot vermessen,
mein ist Gilad und mein Mnasche,
Efrajim Helmwehr meines Haupts,
Jehuda mein Richtstab, –
Moab ist Waschbecken mir,
auf Edom werfe ich meinen Schuh,
schmetterst du, Philistien, noch über mich auf?«

Wer bringt mich in die verschanzte Stadt?
wer geleitet mich bis nach Edom?
Nicht du, Gott, der du uns hast verworfen,
und zogst, Gott, mit unsern Scharen nicht aus?
Schenke vor dem Dränger uns Hilfe:
Befreiertum von Menschen ist Wahn! –

Mit Gott werden wir Mächtiges tun,
er ists, der niederstampft unsre Bedränger.

LXI

Des Chormeisters, auf Saitengerät,
von Dawid.

Höre, Gott, mein Wimmern,
merke auf mein Gebet!
Vom Ende des Erdreichs rufe ich zu dir,
wann mein Herz verzagt:
Auf den Fels, mir zu ragend, geleite mich!
Denn du bist mir Bergung gewesen,
Turm der Wehr vorm Antlitz des Feinds.

Ich will gasten in deinem Zelt für die Zeiten,
will mich bergen im Versteck deiner Flügel.
/ Empor! /
Denn du bist es, Gott,
der auf mein Geloben gehört hat,
hat herausgegeben das Erbe
derer, die deinen Namen fürchten. –

Tage füge zu den Tagen des Königs,
Jahre ihm wie Geschlecht um Geschlecht!
Er throne vor Gott in die Zeit,
Huld und Treue bestimme, daß sie ihn hüten!

So will deinem Namen ewig ich harfen,
tagtäglich mein Gelöbnis zu zahlen.

LXII

Des Chormeisters über Jedutun,
ein Harfenlied Dawids.

Nur auf Gott zu ist Stille meine Seele,
von ihm her ist meine Befreiung.
Nur er ist mein Fels, meine Befreiung,

mein Horst – ich kann nicht gar wanken.

Bis wann wollt einen Mann ihr bedrohn
– allsamt ihr zu morden bereit –,
wie eine geneigte Mauer,
eine eingestoßene Wand?

Nur ratschlagend, wie ihn von seinem Hochstand zu stoßen
an Täuschung haben sie Gefallen,
sie segnen jeder mit seinem Mund
und verfluchen mit ihrem Innern.
/ Empor! /

Nur zu Gott sei still, meine Seele,
denn von ihm her ist meine Hoffnung.
Nur er ist mein Fels, meine Befreiung,
mein Horst – ich kann nicht wanken.

Bei Gott ist meine Freiheit und Ehre.
Der Fels meiner Macht,
meine Bergung ist in Gott.
Seid allstündlich sicher an ihm,
Volk, schüttet euer Herz vor ihm aus!
Gott ist die Bergung uns.
/ Empor! /

Nur ein Dunst sind die Menschensöhne,
eine Täuschung die Mannessöhne,
auf der Waage müssen hochschnellen sie
mehr als ein Dunst noch mitsammen.

Mit Bedrückung sichert euch nimmer!
laßt euch nimmer umdunsten von Raub!
Habe, wenn sie gedeiht,
setzt das Herz nimmer daran!

Eines hat Gott geredet,
zwei sinds, die ich habe gehört:
daß Gottes die Macht ist,
und dein, mein Herr, ist die Huld,
denn du,
du zahlst jedermann nach seinem Tun.

LXIII

Ein Harfenlied Dawids, –
als er in der Wüste Jehuda war.

Gott! mein Gottherr bist du,
ich sehne dich herbei.
Meine Seele hat nach dir gedürstet,
mein Fleisch ist fahl worden nach dir
im Heideland, matt, ohne Wasser.

So habe ich im Heiligtum dich erschaut,
deine Macht und deine Ehre zu sehen,
denn besser ist deine Huld als das Leben:
meine Lippen dürfen dich loben.
So will ich in meinem Leben dich segnen,
mit deinem Namen heben meine Hände.
Wie an Fett und Mark wird meine Seele ersatten,
jubelnder Lippen preist dann mein Mund.

Gedenke auf meinem Lager ich dein,
in Nachtwachen murmle ich dir zu.
Denn du bist mir Hilfe gewesen,
im Schatten deiner Flügel habe ich gejubelt.
Nachgehangen dir hat meine Seele,
mich hat deine Rechte gehalten.

Und jene, die zur Verheerung
trachten mir nach der Seele,
sie kommen ins unterste Erdreich,
man liefert jeden dem Schwerte zuhanden,
sie werden Gebühr der Schakale.
Doch der König wird sich freuen an Gott,
preisen wird sich, allwer bei ihm schwört,
daß der Mund der Lügenredner gestopft ward.

LXIV

Des Chormeisters,
ein Harfenlied Dawids.

Höre meine Stimme, Gott, wann ich klage!
vor Feindes Schrecknis bewahre mein Leben!
Verstecke mich vorm Klüngel der Bösgesinnten,
vor der Argwirkenden Getümmel,
die wie ein Schwert ihre Zunge wetzen,
als ihren Pfeilbogen spannen bittere Rede,
in Verstecken auf den Schlichten zu schießen,
plötzlich schießen sie auf ihn, fürchten sich nicht.
Sie machen böse Rede sich fest,
erzählen, wie sie Schlingen legen wollen,
sprechen: »Wer wirds durchschaun!
Die Verfälschungen mögen aufspüren sie,
wir habens geschafft!
nachgespürt wird der Spur,
aber das Innre des Mannes, das Herz ist tief!«
Da schießt sie Gott mit dem Pfeil,
plötzlich sind ihnen die Schläge geschehn,
womit jenen sie straucheln machen wollten:
über sie ihre Zunge!
Schütteln müssen sich, allwer sie ansieht,
fürchten müssen sich alle Menschen,
melden müssen sie Gottes Werk
und seine Tat begreifen.
An IHM freut sich der Bewährte,
an ihm birgt er sich,
es preisen sich alle Herzensgeraden.

LXV

Des Chormeisters,
ein Harfenlied Dawids, ein Gesang.

Dir ist Preisung geziemend,
Gott, auf dem Zion,
dir wird Gelübde bezahlt.
Hörer du des Gebets,
zu dir hin darf alles Fleisch kommen.
Die Reden der Verfehlungen,

überwältigen sie mich:
unsre Abtrünnigkeiten,
du bists, der sie bedeckt.
O Glück dessen,
den du wählst und näherst,
daß in deinen Höfen er wohne!
Mögen wir ersatten
an dem Gut deines Hauses,
der Heiligkeit deiner Halle!
Furchtgebietend,
in Wahrhaftigkeit antwortest du uns,
Gott unserer Freiheit,
Sicherheit aller Enden der Erde
und des Meeres der Fernen!
Der mit seiner Kraft aufrichtet Berge,
umpanzert mit Heldengewalt,
der schwichtigt das Toben der Meere,
das Toben ihrer Wogen,
und das Rauschen der Nationen!
Erschauern die Siedler der Enden
von deinen Zeichen,
die Aufgänge des Morgens und Abends
machst du jubeln.

Du ordnest dem Erdreich zu
und heißest es strotzen,
vielfältig bereicherst du es,
mit dem Gottesbach voller Wasser
zurichtest den Kornstand du ihnen.
Ja, so richtest du es her:
seine Furchen netzend,
senkend seine Schollen,
du lockerst es mit Rieselregen,
du segnest sein Gesproß.

Mit deinem Gute krönst du das Jahr,
von Fette triefen deine Geleise,
die Anger der Wüste triefen,
mit Gejauchze gürten sich die Hügel,
die Wiesen bekleiden sich mit Schafen,

mit Getreide umhängen sich die Täler,
sie schmettern einander zu,
sie singen gar.

LXVI

Des Chormeisters, ein Gesang, ein Harfenlied.

Schmettert Gotte zu, alles Erdreich!
harfet der Ehre seines Namens!
setzt als Ehrung ein seinen Preis!
Sprecht zu Gott:
»Wie furchtbar sind deine Taten!
Ob der Fülle deiner Macht
schmeicheln dir deine Feinde,
alles Erdreich, dir werfen sie sich hin,
harfen dir, harfen deinem Namen.«
/ Empor! /

Geht, seht die Handlungen Gottes an,
über den Menschensöhnen er furchtbar am Werk!
der das Meer in Trockenes wandelt,
durch den Strom ziehn sie zu Fuß –
da freun wir uns sein!
der mit seiner Heldenkraft waltet in die Zeit,
auf die Weltstämme spähn seine Augen,
die Störrigen – nimmer dürfen sie sich überheben!
/ Empor! /

Segnet, Völker, unseren Gott,
laßt hören die Stimme seiner Preisung!
der unsre Seele setzte ins Leben
und nicht zugab, daß unser Fuß wanke! –
Wohl, geprüft hast du uns, Gott,
uns ausgeschmelzt, wie Silber man schmelzt:
du hast uns kommen lassen ins Verlies,
Marter uns gesetzt an die Hüften,
auf dem Kopf uns reiten lassen die Leute,
wir sind gekommen in Feuer und Wasser, –
aber herausgeführt hast du uns, ins Genügen.

Mit Darhöhungen in dein Haus will ich kommen,
zahlen will ich dir meine Gelübde,
was hervorstießen meine Lippen,
mein Mund redete, da ich bedrängt war,
will dir Darhöhungen von Fettschafen höhen
samt dem Aufrauchen von Widdern,
Rinder samt Böcken dir dartun.
/ Empor! /

Geht her, höret, ich will erzählen,
ihr Gott Fürchtenden alle,
was er meiner Seele getan hat!
Mit meinem Munde rief ich zu ihm,
Erhebung war mir unter der Zunge.
Hätte ichs in meinem Herzen auf Arg abgesehn,
nicht hören würde mein Herr,
jedoch Gott hat es gehört,
hat auf die Stimme meines Betens gemerkt.
Gesegnet Gott,
der mein Gebet nicht abwandte,
seine Huld nicht von mir!

LXVII

Des Chormeisters, zum Saitenspiel,
ein Harfenlied, ein Gesang.

Gott leihe uns Gunst, segne uns,
er lasse mit uns leuchten sein Antlitz! –
/ Empor! /
Daß man auf Erden erkenne deinen Weg,
in aller Stämmewelt dein Befreien!

Die Völker danken dir, Gott,
die Völker danken dir alle,
die Nationen freun sich und jubeln.
Denn du richtest Völker mit Geradheit,
Nationen, du leitest sie auf Erden.
/ Empor! /

Die Völker danken dir, Gott,
die Völker danken dir alle.
Die Erde gab ihr Gewächs,
Gott, unser Gott segnet uns.
Gott segnet uns,
und ihn fürchten alle Ränder der Erde.

LXVIII

Des Chormeisters,
von Dawid, ein Harfenlied, ein Gesang.

Gott steht auf,
seine Feinde zerstieben,
seine Hasser entfliehen
vor seinem Angesicht.

Wie Rauch verweht, da es weht,
wie Wachs angesichts des Feuers zerfließt,
schwinden die Frevler angesichts Gottes,
die Bewährten aber freun sich,
ergötzen sich vorm Angesicht Gottes,
entzücken sich in der Freude.

Singet Gotte zu,
harfet seinem Namen,
tragts empor ihm,
der auf Dunkelwolken reitet,
mit »Hie Er! ist sein Name«,
jubiliert ihm vorm Angesicht,
dem Vater der Waisen,
dem Anwalt der Witwen,
Gott im Hag seines Heiligtums!
Gott
setzt die Vereinsamten wieder in Hausstand,
führt die Gefesselten heraus zu Gedeihen,
jedoch die Störrigen müssen wohnen im Kahlland. –

Gott,
als einher vor deinem Volke du fuhrst,

als du durch die Einöde schrittest,
/ Empor! /
schütterte die Erde,
auch die Himmel troffen
angesichts Gottes
– dies ist ein Sinai! –,
angesichts Gottes,
des Gottes Jiſsraels.

Einen Regen der Freigebigkeit
schwingst nieder du, Gott,
dein Eigentum, das erschöpfte,
du selber richtest es auf,
dein Rudel, sie werden drin seßhaft,
in deiner Güte richtest du her
für den Gebeugten, o Gott!

Mein Herr gibt den Spruch aus
– der Heroldinnen groß ist die Schar –:
»Die Könige der Scharen,
sie müssen entflattern, entflattern,
aber die Anmutige des Hauses,
verteilen darf sie die Beute
– wollt liegen ihr zwischen den Hürden?! –,
Taubenflügel, silberüberspannt,
Gefieder dran aus grüngelbem Feinerz.
Wann der Gewaltige die Könige drin zerspreitet,
schneeig wirds auf dem ›Schattenbühl‹.«

Ein gottmächtiger Berg, Baschans Berg,
ein vielgiebliger Berg, Baschans Berg!
Warum beschielet ihr, gieblige Berge,
den Berg, den Gott sich zum Sitze begehrt hat?
einwohnen auch wird ER da in die Dauer!

Gottes Reiterei sind Myriaden,
Tausendschaften im Wechselzug,
mein Herr unter ihnen:
der Sinai im Heiligtum! –
Aufgestiegen bist du zur Höhe,
hast Gefangne gefangen,

Gaben genommen an Menschen,
und sinds Störrige auch,
um nun einzuwohnen:
»Hie Er! Gott!«

Gesegnet mein Herr!
Tagtäglich lädt er sichs für uns auf,
die Gottheit ist unsre Befreiung!
/ Empor! /
Die Gottheit ist für uns,
Gottheit der Befreiungstaten,
bei IHM, unserm Herrn,
kann man dem Tod auch entfahren.

Wohl, Gott zerrüttet das Haupt seiner Feinde,
den Haarscheitel dessen,
der in seinen Verschuldungen sich ergeht.
Mein Herr hat gesprochen:
»Aus Baschan hole ich zurück,
hole zurück aus den Strudeln des Meers,
damit deinen Fuß du rüttelst im Blut,
die Zunge deiner Hunde ihre Gebühr von den Feinden habe.«

Sie sehn deine Gänge an, Gott,
meiner Gottheit, meines Königs Gänge ins Heiligtum:
voran Sänger, hinterher Saitenspieler,
inmitten paukenschlagender Jungfraun.
– Segnet in Weihversammlungen Gott,
meinen Herrn, ihr aus Jiſsraels Quell! –
Dort ist Binjamin, der Jüngste, der sie befehligt:
die Fürsten Jehudas, ihr Kriegslärm,
die Fürsten Sbulums, die Fürsten Naftalis.

– Entboten hat dein Gott deine Macht! –
Erhalte in Macht, Gott, was du an uns wirktest,
von deiner Halle über Jerusalem hin!
Zoll sollen Könige darbringen dir.
Beschilt das Getier im Rohr,
die Horde der Stierrecken
unter den Völkerkälbern,
was um Silberbarren einhertrampt! –

Er zersprüht die Völker, die Lust haben an Schlachten!
Herbeilaufen werden aus Ägypten die Bronzegeschmückten,
Äthiopien wird seine Hände Gott zueilen lassen.

Königreiche der Erde,
singt Gotte zu,
harfet meinem Herrn!
/ Empor! /
Ihm, der durch die Himmel des Urhimmels reitet!
Da, er gibt seine Stimme aus, Stimme der Macht!
Übergebt die Macht Gott!
Über Jiſsrael seine Hoheit,
seine Macht in den Lüften!
– Furchtbar du aus deinen Heiligtumen, Gott,
Gottheit Jiſsraels! –
Er gibt dem Volke Macht und Kernfestigkeit:
gesegnet sei Gott!

LXIX

Des Chormeisters, nach »Lilien«,
von Dawid.

Befreie mich, Gott,
denn das Wasser kommt an die Seele.
Ich sinke in das strudelnde Moor
und ist kein Stand,
ich komme in die Tiefen des Wassers,
der Schwall spült mich hinweg.
Ich habe mich müd gerufen,
meine Kehle ist entflammt,
meine Augen zehren sich auf,
wie ich harre auf meinen Gott.
Mehr wurden als Haare auf meinem Haupt,
die grundlos mich hassen,
Menge wurden, die mich schweigen wollen,
die aus Lug mich befeinden.
Wo ich nicht raubte, da soll ich erstatten.
Du, Gott, du kennst meine Torheit,

meine Verschuldungen sind dir nicht verhohlen.
Laß beschämt nimmer werden an mir
die auf dich hoffen, mein Herr, DU Umscharter,
laß zu Schimpfe nimmer werden an mir
die dich suchen, Gott Jiſsraels!
Denn deinetwegen trage ich Hohn,
hüllt Beschimpfung mein Antlitz ein.
Entfremdet ward ich meinen Brüdern,
ausheimisch den Söhnen meiner Mutter.
Denn der Eifer um dein Haus hat mich gefressen,
das Höhnen deiner Höhner ist auf mich gefallen.
Weinte ich in der Kasteiung die Seele mir aus,
wurde es mir zur Verhöhnung;
gab ich Sackleinen mir als Kleid,
wurde ich zum Gleichwörtlein ihnen.
Von mir schwatzen, die umsitzen im Tor,
und der Met-Zecher Klimperlieder.
Ich aber, mein Gebet ist zu dir,
DU, um eine Stunde der Gnade.
Gott, in der Fülle deiner Huld
antworte mir
mit der Treue deiner Freiheit!
Reiße mich aus dem Schlamm,
daß ich nimmer versinke,
entrissen sei ich meinen Hassern
und den Wassertiefen!
Nimmer spüle mich der Schwall des Wassers hinweg,
nimmer verschlinge mich der Strudel,
nimmer mache der Brunnen seinen Mund über mir zu!
Antworte mir, DU,
denn gütig ist deine Huld,
nach der Fülle deines Erbarmens
wende dich zu mir!
Versteck dein Antlitz nimmer vor deinem Knecht,
denn ich bin bedrängt,
eilends antworte mir!
Nahe meiner Seele,
löse sie aus,
um meiner Feinde willen

gilt mich ab!
Du, du kennst
meine Verhöhnung, meine Beschämung, meinen Schimpf,
dir gegenwärtig sind all meine Bedränger.
Der Hohn hat mein Herz gebrochen,
versehrt bin ich worden.
Ich hoffte auf ein Zunicken,
da ist keins,
auf Tröster,
ich finde sie nicht.
Sie haben Wermut in meine Labung gegeben,
für meinen Durst geletzt mich mit Essig.
Ihr Tisch werde vor ihnen zur Falle,
den Zufriednen zur Schlinge!
finster seien ihre Augen, sichtlos!
ihre Hüften lasse stets schwanken!
dein Dräun schütte über sie,
sie erreiche die Flamme deines Zorns!
öd werde ihr Lagerring,
in ihren Zelten sei ein Insasse nimmer!
Denn sie jagen, den selber du schlugst,
beim Schmerze deiner Durchbohrten erzählen sie sichs.
Gib Fehl noch über ihre Verfehlung,
in deinen Bewährtspruch mögen nimmer sie kommen!
Gewischt seien sie aus dem Buche des Lebens,
bei den Bewährten seien sie nimmer geschrieben!
Ich aber,
ein Gebeugter und Schmerzensreicher, –
dein Befreien, Gott, entrücke mich steilhin!
Preisen werde ich im Gesang Gottes Namen,
im Dank seine Größe sagen, –
besser dünkt das IHN als ein Stier,
ein Farre, ein gehörnter, gehufter.
Die sich Beugenden sehens, sie freun sich,
ihr, die ihr nach Gott fraget, euer Herz lebe auf!
Denn ER hört auf die Dürftigen,
seine Gefesselten verachtet er nicht.
Preisen sollen ihn Himmel und Erde,
die Meere und allwas sich drin regt!

Denn Gott wird Zion befreien,
aufbauen die Städte Jehudas,
daß man dort siedle und sie ererbe!
Der Same seiner Knechte wirds eignen,
die seinen Namen lieben, werden drin wohnen.

LXX

Des Chormeisters,
von Dawid, zum Gedenkenlassen.

Gott, mich zu erretten,
Du, zu meiner Hilfe eile!
Zuschanden sollen werden und sich schämen,
die nach der Seele mir trachten,
zurück prallen, zu Schimpfe werden,
die Lust haben an meinem Übel,
kehrtmachen zufolg ihrer Schande
die sprechen: Ha! ha!
Entzücken sollen sich, sich freuen an dir
alle, die nach dir trachten,
stets sollen sprechen:
»Groß ist Gott!«,
die dein Befreien lieben.
Ich hier,
gebeugt und bedürftig, –
Gott, eile mir herbei!
Was mir hilft,
was mich entrinnen macht
bist du:
Du, säume nimmer!

LXXI

An dir, Du, habe ich mich geborgen,
möge ich in Weltzeit nimmer zuschanden werden!
in deiner Wahrhaftigkeit

rette mich und laß mich entrinnen!
neig dein Ohr mir zu und befreie mich!
werde mir zum Felsenhag,
dahin ich stets kommen darf!
Geboten hast du, mich zu befreien,
denn du bist mein Schroffen und meine Bastei.
Mein Gott,
lasse mich vor der Hand des Frevlers entrinnen,
vor dem Griff des Verfälschers und Nötigers!
Denn meine Hoffnung bist du, mein Herr,
DU meine Sicherheit von meiner Jugend auf.
An dir habe ich mich vom Schoß an gehalten,
vom Leib meiner Mutter an bist du mein Entbinder,
dir stets gilt mein Preisen.
Wie ein Erweis bin ich vielen geworden,
da du meine Bergung in Macht bist.
Mein Mund füllt sich deines Preises,
all den Tag deines Ruhms.

Schleudre nimmer fort mich zur Zeit des Alters,
wann meine Kraft dahin ist, verlasse mich nimmer!
Denn meine Feinde sprechen gegen mich,
die meine Seele überwachen, beraten sich miteinander,
sprechend: »Gott hat ihn verlassen,
jaget, packt ihn, denn kein Retter ist mehr!«
Gott, bleib mir nicht fern!
mein Gott, zu meiner Hilfe eile!
Zuschanden sollen werden, dahingehn,
die meine Seele behadern,
Hohn und Schimpf um sich schlingen,
die nach meinem Bösgeschick trachten!

Doch ich, ich will stetig harren
und all deiner Preisung noch fügen hinzu.
Mein Mund wird deine Bewährung erzählen,
all den Tag dein Befreierwerk,
denn Abzählungen kenne ich nicht.
Ich komme
mit meines Herrn, DEINEN, Heldengewalten,
stifte deiner Bewährung Gedächtnis,

deiner allein.
Gott, von meiner Jugend an hast du mich belehrt,
und bis nun vermelde ich deine Wunder.

Auch bis zu Alter und Greisentum,
Gott, verlasse mich nimmer,
bis ich vermeldet habe dem Geschlecht deinen Arm,
deine Heldengewalt allem was kommt,
und deine Bewährung, Gott, bis zur Höhe,
wie du Großes getan hast, –
Gott, wer ist dir gleich!
Der du uns hast sehen lassen
Bedrängnisse viel und Übel,
umkehrend belebst du uns,
und aus den Wirbeln des Erdreichs,
umkehrend, lässest du uns steigen.
Mehren willst du meine Größe,
und dich wendend tröstest du mich.

Ich auch, ich will dir danken
mit Lautengerät,
deiner Treue, mein Gott,
spielen dir auf der Leier,
Heiliger Jiſsraels!
Mir jubeln die Lippen,
wenn ich dir harfe,
und meine Seele, die du abgegolten hast.
Meine Zunge auch, all den Tag
tönt sie deine Bewährung aus,
daß zuschanden sind, daß sich schämen,
die nach meinem Bösgeschick trachteten.

LXXII

Von Schlomo.

Gott,
deine Rechtsbräuche dem Könige gib,
deinen Wahrspruch dem Königssohn!

Er urteile deinem Volke in Wahrheit,
in Gerechtigkeit deinen Gebeugten!
Frieden tragen dann die Berge dem Volk zu,
die Hügel in Wahrhaftigkeit.
Er rechte für die Gebeugten des Volks,
befreie die Söhne des Dürftigen
und ducke den Unterdrücker!
Man fürchtet dich mit dem Sonnenschein dann,
angesichts des Monds für Geschlecht der Geschlechter.
Er senke sich wie Regen auf die Matte,
wie Rieseln, Geträpfel zur Erde.
In seinen Tagen sproßt der Bewährte,
Friedens Fülle ist, bis es keinen Mond gibt.
Er befehligt vom Meere zum Meer
und vom Strom zu den Rändern der Erde.
Schiffsmächte knien ihm vorm Angesicht,
seine Feinde lecken den Staub.
Die Könige von Tarschisch und den Inseln,
Zinsspende entrichten sie,
die Könige von Saba und Sseba,
Tribut nahen sie dar.
Ihm bücken alle Könige sich,
alle Stämme dienen ihm.
Denn er rettet den Dürftigen, der aufstöhnt,
den Gebeugten, dem kein Helfer ist.
Ihn dauert des Armen und Dürftigen,
die Seelen der Dürftigen befreit er,
löst ihre Seele aus Pressung und Unbill,
teuer ist in seinen Augen ihr Blut.
Er lebe!
Man gibt ihm von Sabas Gold,
man betet für ihn beständig,
all den Tag segnet man ihn:
»Er sei wie Schwellen des Getreids überm Erdland,
am Haupte der Berge
woge libanongleich auf seine Frucht,
mögen der Stadt sie entblühen wie Kraut der Erde!
Sein Name bleibe auf Weltzeit,
angesichts der Sonne pflanze sein Name sich fort,

mögen alle Stämme sich segnen mit ihm,
ihn glücklich heißen.«

Gesegnet ER, Gott,
Der Gott Jißraels,
der Wunder tut, er allein,
gesegnet der Name seiner Ehre
auf Weltzeit,
mit seinem Ehrenschein fülle sich alles Erdland!
Jawahr, jawahr!

Zu Ende sind die Gebete Dawids Sohnes Jischajs.

LXXIII

Ein Harfenlied Aßafs.

Gewiß, gut ist zu Jißrael Gott:
zu den am Herzen Lautern.

Ich aber, ein weniges noch,
so bogen ab meine Füße,
ein Nichts, und mein Schritt kam ins Stolpern.
Denn eifersüchtig war ich auf die Prahler,
da den Frieden der Frevler ich sah.
Denn keine Beklemmungen gibt es für sie,
heil und feist ist ihr Wanst,
in der Menschenpein sind sie nie,
mitsamt den Leuten werden sie nicht geplagt.
Drum ist Hoffart ihr Halsgeschmeid,
hängt Unbill als Putz ihnen um.
Aus dem Fett dringt ihr Auge hervor,
drüber ziehn die Malereien des Herzens.
Sie grinsen und reden im Bösen,
Bedrückung reden sie von oben her.
Sie setzen an den Himmel ihren Mund,

und ihre Zunge ergeht sich auf der Erde.
Drum jenes: »Bringe er sein Volk nur wieder hierher,
Wassers können sie sich schlürfen die Fülle!«
Und sie sprechen: »Wie kennte Gott das!
gibts Kenntnis beim Höchsten?!«
Da sind nun diese: Frevler,
zufrieden hin in die Zeit
haben sie Macht erlangt!
Nur ins Leere
klärte ich mein Herz,
badete meine Hände in Unsträflichkeit,
war geplagt doch all den Tag,
morgendlich ward Züchtigung mir!
Hätte ich gesprochen: »Erzählen will ichs wies ist!«,
da hätte ich das Geschlecht deiner Söhne verraten.
Doch wie ich plante dies zu erkennen,
Pein war es meinen Augen,
bis ich an Gottes Heiligtume kam,
auf jener Späte konnte ich nun achten:
nur auf Schlüpfriges hast dus ihnen gesetzt,
in Berückungen lässest du sie verfallen.
Wie werden sie zu Starrnis im Nu,
verscheiden, schwinden vor Grausen!
Wie einen Traum nach dem Erwachen, mein Herr,
verlachst du, wann du dich regst, ihr Schattengebild.
Wenn aufgor mein Herz,
ich mirs schneiden ließ in die Nieren,
dumm war ich und erkannte nicht,
ein Vieh bin ich bei dir gewesen.

Und doch bleibe ich stets bei dir,
meine rechte Hand hast du erfaßt.
Mit deinem Rate leitest du mich,
und danach nimmst du mich in Ehren hinweg.
Wen habe ich im Himmel!
aber bei dir
habe ich nicht Lust nach der Erde.
Verendet mein Fleisch und mein Herz,
der Fels meines Herzens, mein Teil, Gott bleibt in die Zeit.

Denn, da, die dir fern sind, verlieren sich,
du schweigst alljeden, der abhurt von dir, –
ich aber, Gott nahn ist mir das Gute,
in meinen Herrn, DICH, habe ich meine Bergung gesetzt:
all deine Arbeiten zu erzählen.

LXXIV

Eine Eingebungsweise Aſsafs.

Warum, Gott,
verabscheust du in die Dauer,
raucht dein Zorn
wider die Schafe deiner Weide?
Gedenke
deiner Gemeinde,
die du ureinst erwarbst,
erkauftest als Stab deines Eigens!
dieses Zionsbergs,
darauf du einwohntest!
Hebe deine Tritte
zu den Verheerungen, die dauern:
alles mißhandelt
hat der Feind im Geheiligten!
Deine Bedränger brüllten auf
drin an deiner Gegenwartsstatt,
setzten ihre Zeichen als Zeichen.
Zu kennen wars,
wie wo einer ausholt nach oben
im Baumgeflecht mit Äxten.
Und nun, sein Schnitzwerk mitsammen,
sie habens mit Barte und Beilen zerhackt.
In Feuer steckten sie
dein Heiligtum,
zum Erdland preisgaben sie
die Wohnung deines Namens.
Sie sprachen in ihrem Herzen:
»Ihre Brut mitsammen!«

Sie verbrannten
alle Begegnungsstätten der Gottheit im Land.
Zeichen uns sehen wir nicht,
es gibt keinen Künder mehr,
nicht ist einer mit uns,
der kennte, bis wann.
Bis wann, Gott, darf der Bedränger höhnen?
Darf der Feind deinen Namen schmähn in die Dauer?
Warum ziehst du zurück deine Hand?
Deine Rechte, hervor aus deinem Busen!
beends!

Ist doch Gott mein König
von ureinst her,
der Befreiungen wirkt
im Innern des Erdlands!
Du,
du zerklobest mit deiner Macht das Meer,
du zerbrachst Drachenhäupter überm Wasser,
du,
du zerstücktest die Häupter des Lindwurms,
du gabst ihn als Fraß dem Wüstenspuk-Volk,
du,
du erspaltetest Quell und Bachtal,
du,
du vertrocknetest urständige Ströme.
Dein ist der Tag,
dein auch die Nacht,
du,
du festetest Geleucht und Sonne,
du,
du errichtest alle Schranken des Erdlands,
Sommer und Winter,
du, du bildetest sie.

Gedenke dies:
der Feind höhnt DICH!
nichtig Volk schmähn deinen Namen!
Nimmer gib dem Wildlebenden
die Seele deiner Turtel!

das Leben deiner Gebeugten,
nimmer vergiß es in die Dauer!
Blick auf den Bund!
Denn gefüllt haben sich
die finstern Plätze des Erdlands
mit Triften der Unbill.
Nimmer möge sich abkehren müssen
der Geduckte beschimpft!
der Gebeugte, der Dürftige
sollen deinen Namen preisen!
Steh auf, Gott!
streite deinen Streit!
gedenke deiner Verhöhnung
durch den Nichtigen all den Tag!
Vergiß nimmer
die Stimme deiner Bedränger,
das Toben der gegen dich Aufständischen,
das stetig hinansteigt!

LXXV

Des Chormeisters,
»Verderbe nimmer«, ein Harfenlied Aſsafs, ein Gesang.

– Wir danken dir, Gott, wir danken.
Nah ist dein Name ihnen,
die deine Wunder erzählen.

– Ja, ich ergreife die Frist,
selber richte ich mit Geradheit.
Sie wanken,
die Erde mit all ihren Siedlern, –
ich selber
verfestige Säulen.
/ Empor! /
Ich spreche zu den Prahlern:
Prahlet nimmer!,
zu den Frevlern:
Hebt nimmer das Horn, nimmer

hebt euer Horn zur Höhe,
redet frechgereckten Halses!

– Ja, nicht vom Aufgang, vom Abend,
nicht von der Bergwüste her einer, –
Gott ja ist es, der richtet,
den niedert er und den erhebt er.
Ja, ein Becher ist in SEINER Hand,
ein Wein schäumt voller Mischung,
von dem schenkt er ein,
seine Hefen gar müssen schlürfen, trinken
alle Frevler der Erde.
Ich aber, in die Zeit will ichs melden,
harfen dem Gott Jaakobs.

– ... Und alle Hörner der Frevler haue ich ab,
heben sollen sich die Hörner des Bewährten!

LXXVI

Des Chormeisters, zum Saitenspiel,
ein Harfenlied Aſsafs, ein Gesang.

Kundworden ist Gott in Jehuda,
in Jiſsrael groß ist sein Name.
In Schalem wurde seine Verschirmung,
sein Geheg auf dem Zion.
Dort zerbrach er die Flitze des Bogens,
Schild und Schwert und Kriegsgerät.
/ Empor! /

Umlichtet bist du,
herrlich vor den Raubbergen her.
Beute wurden die Herzensrecken,
entschlummerten in ihren Schlaf,
alle Heermannen fanden nicht ihre Hände.
Vor deinem Schelten, Gott Jaakobs,
betäubt ward so Fahrzeug, so Roß.

Du, furchtbar bist du,

wer bestünde vor dir
vom Nun deines Zornes an!
Vom Himmel ließest Urteil du hören,
die Erde fürchtete und stockte,
da Gott aufstand zum Gericht,
zu befrein alle Gebeugten der Erde.
/ Empor! /

Denn noch des Menschen Grimm muß dich bekennen,
den Rest der Grimmgluten gürtest du um. –
Gelobt und zahlet IHM eurem Gott!
Alle rings um ihn her
sollen Zoll dem Furchtgebietenden bringen,
der den Übermut der Herzöge stutzt,
furchtbar den Erdkönigen.

LXXVII

Des Chormeisters über Jedutun,
von Aſsaf, ein Harfenlied.

Meine Stimme zu Gott – ich muß schrein!
meine Stimme zu Gott, daß er mir lausche!
Am Tag meiner Drangsal suche ich meinen Herrn,
nachts ist hingereckt meine Hand und erlahmt nicht,
meine Seele weigert, sich trösten zu lassen.
Will ich Gottes gedenken, muß ich wimmern,
will ich klagen, verzagt mein Mut.
/ Empor! /

Du spreizest meinen Augen die Lider,
ich bin aufgerührt und kann nicht reden.
Ich erwäge die Tage von einst,
die Jahre der Vorzeiten.
Gedenken will ich
meines Saitenspiels in der Nacht,
mit meinem Herzen Klage halten,
und mein Gemüt tappt umher:
Wird mein Herr in die Zeiten verabscheun?

wird er nie mehr annehmen zugnaden?
ist für die Dauer dahin seine Huld?
der Spruch zuend auf Geschlecht um Geschlecht?
Hat die Gottheit vergessen, Gunst zu erzeigen,
oder im Zorn ihr Erbarmen versperrt?
/ Empor! /

Doch ich spreche – mein Sänftigen ists –:
Den Jahren der Rechten des Höchsten
will ich Gedächtnis stiften,
oh Seinem Handeln. –
Ja, gedenken muß ich von einst deines Wunders,
nachsinnen all deinem Werk,
um deine Handlungen muß ich klagen.

Gott, im Heiligen ist dein Weg.
Wer ist Gottheit, groß wie Gott!
Du bist die Gottheit, die Wunder tut,
du gabst deine Macht unter den Völkern zu kennen:
du erlöstest mit dem Arme dein Volk,
die Söhne Jaakobs und Joſsefs.
/ Empor! /

Die Wasser sehen dich, Gott,
die Wasser sehn dich, sie kreißen,
ja, die Urwirbel erbeben.
In Wasser ergießt sich das Gewölk,
die Lüfte geben den Hall aus,
ja, deine Pfeile ergehn sich.

Im Radkreisen ist der Hall deines Donners,
die Blitze erhellen den Weltraum,
es bebt, es schüttert die Erde.
Durch das Meer hin ist dein Weg,
dein Steig durch die vielen Wasser,
doch nicht werden deine Tapfen erkannt.

Wie eine Schafherde leitest du dein Volk
durch Mosches und Aharons Hand.

LXXVIII

Eine Eingebungsweise Aſsafs.

Lausche, mein Volk, meiner Weisung!
neigt euer Ohr den Sprüchen meines Munds!
Meinen Mund will ich öffnen im Gleichwort,
Rätsel sprudeln von ureinst.
Was wir hörten, daß wirs erkennen,
und uns unsre Väter erzählten,
nicht hehlen wirs ihren Söhnen
in einem späten Geschlecht,
SEINE Preisungen erzählend,
seine Siegesmacht und seine Wunder,
die er getan hat.

Er erstellte in Jaakob Zeugnis,
Weisung setzte er in Jiſsrael ein,
die er unseren Vätern entbot,
ihre Söhne sie kennen zu lehren,
damit ein spätes Geschlecht erkenne,
Söhne, einst geborene, aufstehn
und ihren Söhnen erzählen,
daß auf Gott sie ihre Zuversicht setzen
und nicht vergessen des Handelns der Gottheit
und ihre Gebote wahren
und nicht werden wie ihre Väter
ein störriges und widerspenstiges Geschlecht,
ein Geschlecht, das nicht festigt sein Herz
und nicht treu ist mit der Gottheit sein Geist.

Die Söhne Efrajims,
wohlbewaffnete Bogenschützen,
die sich wandten am Tage der Schlacht!
Sie hüteten Gottes Bund nicht,
weigerten sich in seiner Weisung zu gehn.
Sie vergaßen sein Handeln,
seine Wunder, die er sie sehn ließ:
Wunderbares tat er vor ihren Vätern
in dem Land Ägypten, Zoans Gefild, –

er spaltete Meer und führte sie durch,
staute Wasser wie einen Damm,
leitete sie mit der Wolke am Tag,
all die Nacht mit dem Feuerschein,
Felsen spaltete er in der Wüste
und letzte sie wie von Urwirbelfülle,
Rinnsale holte er aus dem Gestein,
ließ Wasser niederfließen wie Ströme.

Sie aber sündigten gegen ihn weiter,
in der Heide widerspenstig dem Höchsten.
Sie prüften die Gottheit in ihrem Herzen,
ihrer Seele Atzung erheischend,
sie redeten wider Gott, sie sprachen:
»Vermag die Gottheit einen Tisch in der Wüste zu rüsten?
Wohl, den Fels hat er geschlagen,
und Wasser quoll, Bäche spülten heran, –
vermag er Brot auch zu geben,
kann er Wildbret zurichten seinem Volk?«
Drum, es hörend, wallte ER auf,
Feuer entfachte gegen Jaakob sich,
ja, Zorn stieg gegen Jiſsrael.
Denn Gotte vertrauten sie nicht,
sicherten sich nicht in seinem Befreien.
Da gebot er den Lüften von oben,
die Himmelstüren öffnete er
und regnete das Man auf sie hin zum Essen,
gab ihnen Himmelskorn.
Brot der Recken aß jedermann,
Zehrung sandte er ihnen zur Satte.
Den Ost hieß er ausziehn am Himmel,
mit seiner Macht lenkte den Süd er,
und regnete Wildbret auf sie hin wie Staub,
wie Sand der Meere geflügelte Vögel,
ließ die fallen ins Innre seines Lagers,
rings um seine Wohnungen hin.
Sie aßen und wurden sehr satt,
ihr Begehr ließ er zukommen ihnen.
Nicht fremdete sie ihrer Begier,

noch war in ihrem Munde ihr Essen,
da stieg Gottes Zorn gegen sie,
würgte unter ihren Feisten,
die Jünglinge Jissraels knickte er.

Bei all dem sündigten sie noch,
sie vertrauten nicht seinen Wundern.
Da ließ er im Dunst ihre Tage schwinden,
ihre Jahre in der Verstörung.
Würgte er sie, dann fragten sie nach ihm,
als kehrten sie um und ersehnten die Gottheit,
gedächten, daß Gott ihr Fels sei,
Gottheit, der Höchste, ihr Erlöser.
Mit ihrem Mund wollten sie ihn betören,
ihn täuschen mit ihrer Zunge,
nicht gefestigt bei ihm war ihr Herz,
nicht treu sie in seinem Bund.
Er aber ist erbarmend,
er bedeckt die Verfehlung
und verderbt nicht,
er ließ seinen Zorn vielmal abkehren sich,
er erregte nicht all seinen Grimm.
Er gedachte, daß Fleisch sie seien,
Hauch, der geht und kehrt nicht zurück.

Wie oft widerstrebten sie ihm in der Wüste,
betrübten in der Einöde ihn,
wiederholend prüften sie Gottheit,
den Heiligen Jissraels probten sie aus.
Nicht gedachten sie seiner Hand,
des Tags, da er sie abgalt vom Bedränger,
als in Ägypten seine Zeichen er setzte,
seine Erweise in Zoans Gefild:
in Blut wandelte deren Flußarme,
daß ihre Rinnsale untrinkbar wurden,
er schickte das Geziefer an sie, und es fraß sie,
den Frosch, und er verderbte sie,
er gab ihr Gewächs dem Schröter,
dem Heuschreck ihren Fleiß,
mit dem Hagel würgte er ihre Rebe,

ihre Maulbeerfeigen mit dem Wettersturz
und überlieferte dem Hagel ihr Vieh,
ihre Zucht den Brandflitzen,
er schickte die Flamme seines Zornes an sie,
Überwallen und Dräun und Bedrängnis,
Schickung von Boten der Übel,
er ebnete seinem Zorn eine Bahn,
er enthielt dem Tod ihre Seele nicht vor
und lieferte ihr Leben der Pest aus
und schlug allen Erstling in Ägypten,
der Manneskraft Anfangsproß in den Zelten Chams.
Er ließ sein Volk hinausziehn wie Schafe,
lenkte wie eine Herde sie in der Wüste,
leitete sicher sie, daß sie nicht erschraken,
da ihre Feinde zuhüllte das Meer,
er ließ sie zum Bereich seines Heiligtums kommen,
diesem Berg, den seine Rechte erwarb,
er vertrieb Stämme vor ihnen,
verfällte ihnen Eigentum mit der Meßschnur
und hieß in deren Zelten wohnen
die Zweige Jißraels.

Gott den Höchsten prüften sie, widerstrebten,
hüteten seine Zeugnisse nicht,
wie ihre Väter schwenkten sie ab und verrieten,
schnellten um wie ein trügrischer Bogen.
Mit ihren Koppen verdrossen sie ihn,
ereiferten ihn mit ihren Meißeldocken.
Gott hörte es und wallte auf,
er verwarf Jißrael gar,
er entsagte der Wohnung zu Schilo,
dem Zelt, da er unter den Menschen eingewohnt hatte.
In die Gefangenschaft gab er seine Macht,
sein Prangen in die Hand des Bedrängers,
er überlieferte dem Schwerte sein Volk,
gegen sein Eigentum wallte er auf:
dessen Jünglinge fraß das Feuer,
dessen Maiden ward die Brautpreisung nicht,
dessen Priester fielen durchs Schwert,

dessen Witwen konnten nicht beweinen.

Mein Herr erwachte einem Schlafenden gleich,
einem Helden gleich, der sich aufrüttelt vom Wein,
er schlug seine Bedränger hinten,
Weltzeithohn gab er über sie.
Er verwarf das Zelt Joſsefs,
den Stab Efrajim erwählte er nicht,
doch er wählte den Zweig Jehuda,
den Berg Zion, den er liebte,
baute den Höhn gleich sein Heiligtum,
der Erde gleich, die er auf Weltzeit gegründet,
er erwählte Dawid seinen Knecht,
nahm ihn von den Pferchen der Schafe,
von hinter den Säugenden ließ er ihn kommen,
zu weiden Jaakob, sein Volk,
Jiſsrael, sein Eigentum.
Und er hat sie nach der Schlichtheit seines Herzens geweidet,
sie geleitet mit der Vernunft seiner Hände.

LXXIX

Ein Psalm Aſsafs.

Gott!
Die Weltstämme sind in dein Eigen gekommen,
haben deines Heiligtums Halle bemakelt,
Jerusalem zu Ruinen gemacht,
hingegeben den Leichnam deiner Knechte
als Fraß dem Vogel des Himmels,
das Fleisch deiner Holden dem Getier der Erde,
ihr Blut verschüttet wie Wasser
rings um Jerusalem her,
und keiner war, der begrübe.
Wir sind ein Hohn unsern Anwohnern worden,
Spott und Posse denen rings um uns her.
Bis wohin, DU?
wirst dauernd du zürnen,
wird wie Feuer zünden dein Eifer?

Schütte deine Glut auf die Stämme,
die dich nicht erkennen,
auf die Königreiche,
die deinen Namen nicht rufen!
Denn man frißt Jaakob,
seine Trift veröden sie!

Gedenke Fehle der Vordern uns nimmer!
daß dein Erbarmen bald uns überrasche!
Denn sehr schwach sind wir worden.
Hilf uns, Gott unsrer Freiheit,
wegen der Ehre deines Namens!
Rette uns, bedecke unsre Sünden
um deines Namens willen!
Warum sollen die Weltstämme sprechen:
»Wo ist ihr Gott?«!
An den Weltstämmen werde kund uns vor Augen
die Ahndung des Bluts deiner Knechte,
des verschütteten!
Vors Antlitz komme dir
des Gefesselten Ächzen!
Der Größe deines Armes gemäß
laß überbleiben die Kinder des Sterbens!
laß auf unsre Anwohner sich kehren,
in ihren Busen siebenfach
den Hohn, mit dem sie dich höhnten,
mein Herr!
Wir aber, dein Volk,
die Schafe deiner Weide,
wollen in die Zeit hin dir danken,
in Geschlecht um Geschlecht
deine Preisung erzählen.

LXXX

Des Chormeisters, nach »Lilien«,
eine Bezeugung Aſsafs, ein Harfenlied.

Hirt Jiſsraels, lausche!

Der wie Schafe Joſsef lenkt,
der auf den Cheruben Sitz hat,
erscheine!
Vor Efrajim, Binjamin, Mnasche
rege deine Heldengewalt
und komm uns zur Befreiung!
Gott,
laß es uns wiederkehren!
lichte dein Antlitz
und wir sind befreit!

Du, Gott, Umscharter!
Bis wann zornrauchest du
beim Gebet deines Volks:
hast gespeist sie mit Tränenbrot,
mit Tränen sie geletzt dreilingweis,
machst unsern Anwohnern uns zum Zwist,
unsre Feinde spotten drauf los!
Gott, Umscharter,
laß es uns wiederkehren!
lichte dein Antlitz
und wir sind befreit!

Eine Rebe ließest du ziehn aus Ägypten,
vertriebst Stämme, sie aber pflanztest du ein.
Geräumt hast du vor ihr her,
ihre Wurzeln wurzelte sie ein
und füllte das Land.
Berge wurden von ihrem Schatten verhüllt,
ihre Äste Gotteszedern.
Ihre Ranken schickte sie bis zum Meer aus,
an den Strom ihre Schößlinge.
Warum rissest du ein ihre Wände,
daß alle Wegeswandrer sie rupfen?
Der Eber aus dem Wald nagt an ihr,
des Felds Gewimmel weidet sie ab.
Gott, Umscharter,
kehre doch um,
blicke vom Himmel, sieh an,
ordne dieser Rebe zu,

dem Senkling, den deine Rechte gepflanzt hat,
überm Sohn, den du dir hast erstarken lassen!
Schon wird sie versengt vom Feuer, verstümmelt!

Mögen sie vor der Drohung deines Antlitzes schwinden!
Deine Hand sei überm Mann deiner Rechten,
überm Menschensohn, den du dir hast erstarken lassen,
und nie wollen wir abschwenken von dir!
Belebe uns,
und ausrufen wollen wir deinen Namen!
DU, Gott, Umscharter,
laß es uns wiederkehren!
lichte dein Antlitz
und wir sind befreit!

LXXXI

Des Chormeisters, nach der Kelterweise,
von Aſsaf.

Jubelt Gotte auf, unsrer Macht,
schmettert dem Gott Jaakobs,
hebt das Harfenspiel an, schlagt die Pauke,
die milde Leier, die Laute dazu!
Stoßt zur Neuung in die Posaune,
zum Vollmond am Tag unsres Festes!
Denn Satzung für Jiſsrael ists,
Gerechtsame für den Gott Jaakobs,
als Zeugnis hat ers in Joſsef erstellt,
da gegen das Land Ägypten er ausfuhr,
ich die Sprache hörte, die ich nicht kannte.
»Ich habe seine Schulter der Bürde entzogen,
seine Hände entkamen dem Lastkorb. –
In der Drangsal hast du gerufen
und ich habe dich losgeschnürt,
ich antwortete dir im Donnerversteck,
ich probte dich am Wasser von ›Gezänke‹.
/ Empor! /

Höre, mein Volk,
wider dich will ich zeugen –
Jiſsrael, wenn du auf mich hörtest!
›Nicht sei fremde Gottheit bei dir,
wirf dich auswärtiger Gottheit nicht hin!
ICH bin dein Gott,
der dich heraufbrachte aus dem Lande Ägypten.
Mache weit deinen Mund auf
und ich will ihn füllen.‹
Aber mein Volk hörte nicht auf meine Stimme,
Jiſsrael willfahrte mir nicht.
Da schickte ich es fort in die Sucht ihres Herzens:
›In ihren Ratschlüssen mögen sie gehn!‹

Daß doch mein Volk auf mich hörte!
Jiſsrael, möchten sie gehn in meinen Wegen!
Wie leicht zwänge ihre Feinde ich nieder,
kehrte meine Hand wider ihre Bedränger!
schmeicheln müßten ihm MEINE Hasser,
in die Zeit hin wärs ihre Frist,
es aber würde ich mit Weizenfett speisen,
aus dem Felsen es sättigen mit Honig.«

LXXXII

Ein Harfenlied Aſsafs.

Gott steht in der Gottesgemeinde,
im Ring der Gottwesen hält er Gericht.
»Bis wann wollt ihr richten falsch,
das Antlitz der Frevler erheben!«
/ Empor! /
»Für den Schwachen, die Waise rechtet,
bewahrheitet den Gebeugten, den Armen,
den Schwachen, Dürftigen lasset entrinnen,
rettet aus der Hand der Frevler!«

Sie erkennen nicht, habens nicht acht,
in Verfinstrung gehn sie einher.

Alle Gründe des Erdreichs wanken:
»Selber ich hatte gesprochen:
›Götter seid ihr,
Söhne des Höchsten ihr alle!‹ –
jedoch wie Menschen müsset ihr sterben,
wie irgendeiner der Fürsten fallen.«

Erhebe dich, Gott,
richte das Erdreich!
Denn du bists, der zu eigen hat
die Weltstämme alle.

LXXXIII

Ein Gesang, ein Harfenlied Aſsafs.

Gott, nimmer Stillbleiben dir!
du sollst nimmer schweigen,
sollst nimmer rasten, Gottherr!
Denn, da, deine Feinde lärmen,
deine Hasser tragen das Haupt hoch.
Anschlag erlisten sie wider dein Volk,
wider deine Aufgesparten beraten sie sich,
sie sprechen: »Kommt,
wir wollen sie aus dem Stammestum merzen,
nicht mehr gedacht werde des Namens Jiſsrael!«
Ja, von Herzen beraten sie sich miteinander,
wider dich schließen sie einen Bund:
die Zelte Edoms und der Jischmaeliten,
Moab und die Hagarener,
Gebal und Ammon und Amalek,
Philistien samt den Siedlern von Tyrus,
auch Assyrien gliedert sich ihnen an,
sind ein Arm Lots Söhnen geworden.
/ Empor! /
Tue ihnen wie Midjan,
wie Sſiſsra, wie Jabin am Kischonbach,
die vertilgt wurden zu En Dor,
Dünger dem Acker wurden!

Mache sie, ihre Edeln, wie »Rabe« und »Wolf«,
wie Sebach und Zalmunna all ihre Lehngrafen,
sie, die gesprochen haben:
»Wir wollen uns die Triften Gottes ererben!«
Mein Gott,
mache sie wie ein Stengelgewirbel,
wie Stroh vor dem Wind!
Wie Feuer, das entzündet den Wald,
wie Lohe, die die Berge umlodert,
so jage sie mit deinem Sturm,
mit deinem Wetter verstör sie!
Ihre Gesichter fülle mit Schmach,
daß deinen Namen sie suchen, Du!
Sie sollen zuschanden und verstört sein auf ewig,
sollen sich schämen und schwinden!
Dann werden sie erkennen, daß du
– dein Name: Er Ist Da –
einzig der Höchste bist
über allem Erdreich.

LXXXIV

Des Chormeisters, nach der Kelterweise,
von den Korachsöhnen, ein Harfenlied.

Wie freundlich sind deine Wohnungen,
Du, Umscharter! –

Gebangt hat, ja sich verzehrt meine Seele
nach Seinen Höfen,
mein Herz und mein Fleisch, sie gellen
der lebendigen Gottheit zu. –
Auch der Vogel findet ein Haus,
die Schwalbe ein Nest sich,
drein ihre unflüggen Jungen sie legt, –
so deine Opferstätten,
Du, Umscharter,
mein König und mein Gott!

O Glück derer, die in deinem Haus sitzen,

noch werden sie dich preisen dürfen!
/ Empor! /
O Glück des Menschen, der Macht hat in dir, –
in seinem Herzen die Pilgerstraßen!

Durchschreitend das »Tal des Weinens«,
machen sie einen Quellplatz daraus,
den auch der Herbstregen mit Segnung umschlingt.
Sie gehen von Tucht zu Tucht:
man wird sich sehen lassen vor Gott
auf dem Zion.
»Du, Gott, Umscharter,
höre mein Gebet!
lausche, Gott Jaakobs!«
/ Empor! /
»Unser Schild du,
sieh her, Gott,
blicke aufs Antlitz deines Gesalbten!«

Ja, besser ist ein Tag in deinen Höfen
als tausend sonst,
ich ziehe vor, an der Schwelle zu stehn
im Haus meines Gottes,
als zu herbergen
in den Zelten des Frevels. –

Ja, Er ist Sonne und Schild,
Gunst und Ehre gibt Gott,
das Gute versagt Er nicht
ihnen, die in der Schlichtheit gehn. –

Du, Umscharter,
Glück ist des Menschen, der sich sichert an dir.

LXXXV

Des Chormeisters,
von den Korachsöhnen, ein Harfenlied.

– Begnadet, Du, hast einst du dein Land,

hast für Jaakob die Wiederkehr kehren lassen,
hast den Fehl deines Volkes getragen,
hast all ihre Sünde verhüllt.
/ Empor! /
Du hast dein Aufwallen all eingerafft,
dich abgekehrt von der Flamme deines Zorns.

Laß es uns wiederkehren,
Gott du unserer Freiheit!
Deinen Unmut über uns brich!
Willst du in Weltzeit uns zürnen,
deinen Zorn hinziehn für Geschlecht um Geschlecht?
Willst nicht du, wiederkehrend du uns beleben,
daß dein Volk an dir sich erfreue?
Laß uns, DU, sehn deine Huld,
deine Freiheit gib uns!

– Horchen will ich,
was der Gottherr redet, ER!
Ja, er redet Frieden
zu seinem Volk, zu seinen Holden,
und: »Daß zum Narrenwerk sie nimmer sich kehren!«
Gewiß, seine Freiheit ist den ihn Fürchtenden nah,
daß in unserm Lande der Ehrenschein wohne,
Huld und Treue einander treffen,
Wahrhaftigkeit und Friede sich küssen.
Treue sprießt aus dem Erdland,
Wahrhaftigkeit lugt nieder vom Himmel.
Zugleich gibt ER das Gute
und unser Land gibt sein Gewächs.
Wahrhaftigkeit geht vor ihm her,
setzt zu einem Weg ihre Tritte.

LXXXVI

Ein Gebet Dawids.

Neige, DU, dein Ohr,
antworte mir,

denn gebeugt und bedürftig bin ich.
Behüte meine Seele,
denn ein Holder bin ich,
befreie deinen Knecht,
du mein Gott,
der sich sichert an dir!
Gunst leih mir, mein Herr,
denn zu dir rufe ich all den Tag.
Erfreue die Seele deines Knechts,
denn zu dir, mein Herr,
hebe ich meine Seele.
Denn du, mein Herr,
bist gut und verzeihend,
reich an Huld den dich Rufenden allen.
Lausche, DU, meinem Gebet,
merke auf die Stimme meines Gunsterflehns!
Am Tag meiner Bedrängnis rufe ich dich,
denn du antwortest mir.

Keines gleicht dir unter den Gottwesen, mein Herr,
keine gleicht deinen Taten.
Alle Weltstämme, die du aufgetan hast,
werden kommen, vor dein Antlitz sich werfen,
mein Herr, und deinen Namen ehren.
Denn groß bist du und wundertätig,
du, Gott, allein.

Weise mir, DU, deinen Weg.
gehen will ich in deiner Treue.
Einige mein Herz,
deinen Namen zu fürchten!
Ich will dir danken,
mein Herr, mein Gott,
mit all meinem Herzen,
in die Zeit hin ehren deinen Namen,
denn groß war über mir deine Huld
und du hast meine Seele gerettet
aus dem untersten Gruftreich.

Gott!

Vermeßne stehen wider mich auf,
die Schar der Wütigen trachtet mir nach der Seele,
sie halten sich dich nicht entgegen.
Du aber, mein Herr,
bist Gottheit erbarmend und gönnend,
langmütig, reich an Huld und Treue.
Wende dich mir zu, leihe mir Gunst,
gib deinen Sieg deinem Knecht,
befreie den Sohn deiner Magd!
Tu an mir ein Zeichen zum Guten,
meine Hasser sollen sehen, in Schanden,
daß selber DU mir hilfst und mich tröstest.

LXXXVII

Von den Korachsöhnen, ein Harfenlied, ein Gesang.

Seine Gründung auf den Heiligungsbergen,
ER liebt sie,
die Tore Zions
mehr als alle Wohnstätten Jaakobs.

Ehrenreiches ist geredet von dir,
Stadt Gottes:
/ Empor! /
»Lasse ich des Ungetüms und Babels gedenken
um die mich Erkennenden,
da, Philistiens, Tyrus' samt Äthiopien,
heißts: ›Dieser ward dort geboren‹.
Von Zion wird aber gesprochen:
›Mann für Mann ist in ihr geboren,
selber aufrecht hält sie der Höchste‹.
ER zählt auf
beim Einschreiben der Völker:
›Dieser ward dort geboren‹.«
/ Empor! /

Sie aber singen wie flötenblasend:
»All meine Quellen sind in dir.«

LXXXVIII

Ein Gesang, Harfenlied der Korachsöhne, des Chormeisters,
nach »Die Sänftigung, zum Wechselsagen«,
eine Eingebungsweise Hemans des Esrachiten.

Du,
Gott meiner Befreiung!
Tages schreie ich,
in der Nacht auf dich zu.
Komme vor dich mein Bitten,
neige dein Ohr meinem Jammern!
Denn gesättigt ist meine Seele mit Übeln,
mein Leben ist ans Gruftreich gelangt.
Ich bin zu ihnen gerechnet,
die in die Schluft sinken,
bin worden wie ein Mann ohne Wesen,
unter die Toten geledigt,
gleichwie die Durchbohrten,
die im Grab Liegenden,
derer du nicht mehr gedenkst,
sind sie doch von deiner Hand abgeschnitten.
Du hast mich in die unterste Schluft gesetzt,
in Finsternisse, in Strudel.
Auf mich hat dein Grimm sich gestemmt,
all deine Brandungen hast du wechselsagen lassen.
/ Empor! /
Meine Bekannten hast du von mir entfernt,
hast mich ihnen zum Greuel gesetzt.
Ich bin eingekerkert, kann nicht hinaus,
aus der Gebeugtheit schmachtet mein Auge.
Ich rufe dich, Du, alletag,
ich breite zu dir meine Hände.
Wirst du an den Toten ein Wunder tun,
oder werden Gespenster aufstehn, dir danken?
/ Empor! /
Wird deine Huld im Grabe erzählt,
in der Verlorenheit deine Treue?
Wird dein Wunder in der Finsternis erkannt,

im Land des Vergessens deine Bewährung?
Ich aber, zu dir stöhne ich, DU,
am Morgen empfängt dich mein Gebet.
Warum, DU,
verabscheust du meine Seele,
versteckst du dein Antlitz vor mir?
Gebeugt bin ich und am Verscheiden von jung auf,
deine Ängste habe ich getragen,
ich bin zerrüttet.
Über mich sind deine Flammen gefahren,
deine Schrecknisse vernichten mich.
Sie umringen mich all den Tag wie Gewässer,
sie schlagen über mir zusammen.
Entfernt hast du von mir
Liebenden und Genossen, –
meine Bekanntschaft ist die Finsternis.

LXXXIX

Eine Eingebungsweise Etans des Esrachiten.

DEINE Hulden will ich in Weltzeit besingen,
kundtun für Geschlecht um Geschlecht
deine Treue mit meinem Mund.
Ja, ich spreche:
in Weltzeit baut sich die Huld auf,
der Himmel –
an ihm befestigst du deine Treue:

»Ich habe den Bund meinem Erwählten gestiftet,
habe Dawid meinem Knechte geschworen:
›Auf Weltzeit feste ich deinen Samen,
baue deinen Stuhl für Geschlecht um Geschlecht‹.«
/ Empor! /
Und der Himmel dankt dir dein Wunder, DU,
deine Treue auch in der Versammlung der Heiligen.

Denn wer im Luftraum reihte sich DIR an,
ähnelte DIR unter den Gottessöhnen!

dem Gottherrn,
hoch gescheut in dem Kreise der Heiligen,
furchtbar über alle rings um ihn her!
DU, Umscharter Gott, wer gleicht dir,
Hortesstarker oh Du, und deiner Treue
rings um dich her!

Du überwaltest den Hochmut des Meers,
wann seine Wellen steigen, du bists, der sie schwichtigt.
Du bists, der das Ungetüm duckte, daß es wie durchbohrt war,
mit dem Arm deiner Macht zerstreutest du deine Feinde.
Dein ist der Himmel, dein auch die Erde,
das Land und seine Fülle, du hast sie gegründet,
Nord und Süd, du hast sie geschaffen.
Tabor und Hermon jubeln um deinen Namen.
Dein ist der Arm mit der Heldenkraft,
deine Hand ist mächtig, deine Rechte erhoben.
Wahrheit und Recht sind Grundfeste deines Stuhls,
Huld und Vertrauen empfangen dein Antlitz.
O Glück des Volkes,
die den Schmetterruf kennen!
DU, im Licht deines Antlitzes gehn sie.
Um deinen Namen jauchzen sie all den Tag,
durch deine Bewährung sind sie erhoben.
Denn du bist das Prangen ihrer Macht,
durch deine Gnade erhebst du unser Horn.
Denn DEIN ist unser Schild,
des Heiligen Jißraels unser König.

Damals hast du in einer Schau zu deinen Holden geredet,
du hast gesprochen:
»Ich habe auf einen Helden Hilfe niedergelassen,
ich habe einen Erwählten erhoben aus dem Volk,
ich habe Dawid gefunden, meinen Knecht,
mit meinem Heiligungsöl habe ich ihn gesalbt,
daß meine Hand fest bei ihm sei,
mein Arm auch ihn straffe.
Nicht soll ihn überrumpeln ein Feind,
ein Sohn der Falschheit ihn nicht beugen,

ich will seine Bedränger zerschlagen vor ihm,
seine Hasser will ich niederstoßen.
Meine Treue und meine Huld ist bei ihm,
in meinem Namen erhebt sich sein Horn.
Ich setze auf das Meer seine Hand,
auf die Ströme seine Rechte.
Der soll mich rufen: ›Mein Vater bist du,
mein Gott, der Fels meiner Befreiung!‹
Ich auch mache ihn zum Erstling,
zuhöchst den Königen der Erde.
Auf Weltzeit wahre ich ihm meine Huld,
mein Bund bleibt ihm getreu.
Ich setze auf ewig ein seinen Samen,
seinen Stuhl wie die Tage des Himmels.
Verlassen seine Söhne meine Weisung,
gehn in meinen Rechten nicht,
geben sie meine Satzungen preis,
wahren nicht meine Gebote,
will ich zwar mit dem Stecken zuordnen ihrer Abtrünnigkeit,
mit Streichen ihrer Verfehlung,
aber meine Huld will ich nicht abtrennen von ihm,
nicht lügen an meiner Treue,
preisgeben will ich nicht meinen Bund,
die Äußerung meiner Lippen nicht ändern.
Einmal schwur bei meiner Heiligkeit ich:
›Sollte je Dawid ich täuschen, ...!‹
Sein Same soll bleiben auf Weltzeit,
sein Stuhl mir wie die Sonne zugegen,
wie der Mond, in Weltzeit gefestet,
ein Zeuge im Luftraum, getreu!«
/ Empor! /

Du aber,
verabscheut hast du, verworfen,
bist aufgewallt gegen deinen Gesalbten,
hast den Bund deines Knechtes entwürdigt,
seinen Weihereif preisgegeben zur Erde,
eingerissen all seine Wände,
seine Bollwerke in Schutt gelegt.

Alle Wegeswandrer dürfen ihn plündern,
er ist ein Hohn seinen Anwohnern worden.
Du hast die Rechte seiner Bedränger erhoben,
hast alle seine Feinde erfreut,
auch die Felsenhärte seines Schwerts abgekehrt,
hast ihn im Kampf nicht standhalten lassen.
Verabschiedet hast du seine Reine,
hast seinen Stuhl zur Erde geschleudert,
hast seiner Jugend Tage verkürzt,
hast um ihn Schande geschlungen.
/ Empor! /

Bis wohin, DU,
willst du dich in die Dauer verbergen,
wird wie Feuer zünden dein Grimm?
Gedenke: ich, was ists für ein Weilen,
zu wie Wahnhaftem hast du erschaffen
alle Adamskinder!
Wer ist der Mann, der lebte
und müßte nicht den Tod sehn,
dem die Seele entschlüpfen dürfte
aus der Hand des Gruftreichs!
/ Empor! /
Wo sind deine frühen Hulden, mein Herr,
die du Dawid zugeschworen hast
bei deiner Treue!
Gedenke, mein Herr,
der Verhöhnung deiner Knechte!
da ich am Busen einst trug
all die Vielen, die Völker,
die die nun höhnen als deine Feinde,
DU,
die nun verhöhnen
die Tapfen deines Gesalbten.

Gesegnet ER auf Weltzeit!
Jawahr, jawahr!

XC

Ein Gebet Mosches, des Mannes Gottes.

Mein Herr,
du bist, du Hag uns gewesen
in Geschlecht um Geschlecht.

Eh die Berge wurden geboren,
Erde kreißte und Welt,
von Zeiten her bis in Zeiten
Gottheit bist du.

Bis zum Mulm lässest den Menschen du kehren,
und du sprichst: Kehrt zurück, Adamskinder!
– Denn tausend Jahre sind dir in den Augen
wie der gestrige Tag, wenn er vorbeizog,
oder eine Wache in der Nacht. –

Du ergießest sie,
ein Schlaf ists, da sie werden,
am Morgen treibts dann wie Gras:
das am Morgen blühte und trieb,
am Abend erschlafft es und dorrt.

Ja, wir vergehen durch deinen Zorn,
durch deinen Grimm sind wir verstört:
du stellst unsre Fehle dir gegenüber,
unsern Hehl vor deines Antlitzes Leuchte.
Ja, in deinem Aufwallen wenden all unsre Tage,
wir lassen unsre Jahre wie einen Seufzer vergehn.

Die Tage unsrer Jahre sind für sich siebzig Jahre,
und wars in Kräften, sinds achtzig Jahre,
und ihr Ungestüm ist Mühsal und Harm,
wenns mäht, eilends, entfliegen wir.

Wer erkennt die Macht deines Zorns
und, wie du zu fürchten bist, dein Überwallen!
Unsre Tage zu bestimmen, laß es recht kennen,
daß ein Herz der Weisheit einkomme uns!

Kehre um, DU! bis wann!

lasse es dir leid werden deiner Knechte!

Zum Morgen sättige mit deiner Huld uns,
daß wir jubeln und uns erfreuen
an all unsern Tagen.
Erfreue uns,
den Tagen gleich, da du uns beugtest,
den Jahren, da wir das Böse sahn.

Sichtbar werde deinen Knechten dein Wirken,
dein Glanz über ihren Kindern!
Meines Herrn, unsres Gottes, Mildigkeit
sei über uns!
Das Tun unsrer Hände richte auf über uns,
das Tun unsrer Hände, richte es auf!

XCI

Du, der im Versteck des Höchsten sitzt,
im Schatten des Gewaltigen darf nachten,
sprich zu IHM:
»Meine Bergung, meine Bastei,
mein Gott, an dem ich mich sichre!«
Er ists ja, der dich rettet
vor dem Sprenkel des Voglers,
vor der Pest des Verhängnisses.
Er schirmt dich mit seiner Schwinge,
du birgst dich ihm unter den Flügeln,
Schilddach, Ringmauer ist seine Treue.
Nicht mußt du vor dem Nachtgraus dich fürchten,
vor dem Pfeil, der am Tage fliegt,
vor der Pest, die umgeht im Dunkel,
vorm Fieber, das im Sonnenglast gewaltigt.
Mag ein Tausend zuseiten dir fallen,
zur Rechten dir eine Myriade,
dich tritt es nicht an.
Mit deinen Augen nur blickst du,
siehst, wie den Frevlern gezahlt wird.
Ja, du bist, DU, meine Bergung!

– Du hast den Höchsten zum Hag dir gemacht,
Böses wird dir nicht widerfahren,
deinem Zelt ein Streich nicht nahn.
Denn seine Boten befiehlt er dir zu,
dich zu hüten auf all deinen Wegen,
auf den Händen tragen sie dich,
an einen Stein könnte sonst stoßen dein Fuß.
Du magst schreiten über Raubwelp und Otter,
Leu und Drachen magst du niederstampfen.

– Ja, er hat sich an mich gehangen
und so lasse ich ihn entrinnen,
steilhin entrücke ich ihn,
denn er kennt meinen Namen.
Er ruft mich und ich antworte ihm,
bei ihm bin ich in der Drangsal,
ich schnüre ihn los und ich ehre ihn.
An Länge der Tage sättige ich ihn,
ansehn lasse ich ihn mein Befreien.

XCII

Ein Harfenlied, Gesang für den Tag der Wochenfeier.

Gut ist es, DIR zu danken,
deinem Namen, Höchster, zu harfen,
deine Huld zu vermelden am Morgen,
in den Nächten deine Treue,
zum Zehnsait und zur Laute,
zum Getön auf der Leier.

Denn mit deinem Werk, DU, hast du mich erfreut,
ich bejuble die Taten deiner Hände.
Wie groß sind deine Taten, DU,
gar tief sind deine Planungen!
Ein dummer Mensch kanns nicht erkennen,
ein Narr kann dies nicht merken.

Wann die Frevler sprossen wie Kraut
und alle Argwirkenden blühn,

ists, damit vertilgt sie werden auf ewig,
du aber bist erhaben in Weltzeit, Du.
Denn, da, deine Feind, Du,
denn, da, deine Feinde verlieren sich,
es zerstieben die Argwirkenden alle.

Du erhebst wie des Wisents mein Horn,
durchfeuchtet bin ich mit frischem Öl.
Mein Aug blickt nieder auf meine Verleumder,
von den wider mich Aufgestandnen, den Bösgesinnten,
bekommen meine Ohren zu hören.
Der Bewährte sproßt wie die Palme,
er schießt wie eine Zeder auf dem Libanon auf.

Die in Sein Haus wurden verpflanzt,
sprießen in den Höfen unseres Gottes,
noch im Greisentum werden sie gedeihn,
werden markig sein und frisch,
zu vermelden, daß ein Gerader Er ist,
mein Fels, Falsch ist an ihm nicht.

XCIII

Er trat die Königschaft an,
in Hoheit ist er gekleidet,
gekleidet ist Er in Macht,
hat damit sich umpanzert,
gefestet, wohl, ist die Welt,
nie wankt sie.

Fest steht dein Stuhl von je,
von urher bist du.
Erhoben Ströme, Du,
erhoben Ströme ihren Hall,
erheben Ströme ihren Schlag:
über das Hallen
der vielen herrischen Wasser,
der Meeresbrandungen
herrlich in der Höhe bist Du.

Deine Zeugnisse,
sie sind gar getreu,
deinem Hause ziemt Heiligung,
DU, in die Länge der Tage.

XCIV

Gott der Ahndungen, DU,
Gott der Ahndungen, erscheine!
Erhebe dich, Richter der Erde!
Kehre wider die Hoffärtigen das Gereifte!

Bis wann dürfen die Frevler, DU,
bis wann dürfen die Frevler frohlocken,
dürfen sprudeln, frech reden,
dürfen sich besprechen die Argwirkenden alle?

Dein Volk, DU, ducken sie,
dein Eigen beugen sie nieder,
die Witwe, den Gastsassen würgen,
die Waisen morden sie hin.
Und sprechen: »Nicht sieht es Er!«
und: »Nicht merkt es Jaakobs Gott!«

Merkt auf, ihr Dummen im Volk!
ihr Narren, wann wollt ihrs begreifen!
Der das Ohr pflanzt, sollte nicht hören?
oder der das Auge bildet, sollte nicht blicken?
der den Stämmen Zucht schafft, sollte nicht rügen?
Der den Menschen Erkenntnis lehrt,
ER, kennt die Pläne des Menschen:
daß sie Dunst sind.

O Glück des Mannes,
den du in Zucht nimmst, oh Du,
und belehrst ihn aus deiner Weisung,
ihn gegen die Tage des Bösen zu feien,
bis dem Frevler die Grube man bohrt!

Denn nicht entsagen wird ER seinem Volk,

sein Eigen wird er nicht verlassen.
Denn zur Wahrheit hin wird der Richtspruch sich kehren,
ihm nach folgen alle Herzensgeraden.

Wer steht für mich auf
vor die Bösgesinnten,
wer tritt für mich hin
vor die Argwirkenden!
Wäre ER mir nicht Hilfe,
um ein kleines wohnte in der Tiefstille meine Seele.

Spreche ich: Mein Fuß wankt!,
schon stützt mich, DU, deine Huld,
wann meine Sorgen mir im Innern sich mehren,
erquicken deine Tröstungen mir die Seele.

Darf der Verhängnisstuhl dir sich verbünden,
der Pein bildet »nach dem Gesetz«?!
Sie rotten sich wider die Seele des Bewährten,
unsträfliches Blut zeihen sie Frevels.

Aber ER wird mir zum Horst,
mein Gott zum Felsen meiner Bergung.
Ihr Arg läßt er über sie kehren,
in ihrer Bosheit schweigt er sie,
es schweigt sie ER unser Gott.

XCV

Auf, laßt uns jubeln IHM,
schmettern dem Fels unsrer Freiheit,
sein Antlitz empfangen mit Dank,
mit Harfenspiel schmettern ihm zu!
Denn großer Gottherr ist ER,
großer König ob allen Göttern,
er, in dessen Hand sind die Schächte der Erde,
dessen die Firste der Berge sind,
er, dessen das Meer ist, er hats gemacht,
das Trockne, das seine Hände haben gebildet.

Kommt, uns hinwerfen wollen wir und uns bücken,

knien vor IHM, der uns gemacht hat.
Denn er ist unser Gott
und wir das Volk seiner Weide,
die Schafherde seiner Hand,
heut noch, hört auf seine Stimme ihr nur:
»Verhärtet nimmer euer Herz wie bei ›Gezänke‹,
wie am Tag von ›Prüfe‹ in der Wüste,
als mich prüften euere Väter,
mich probten, da mein Werk sie doch sahn!
Vierzig Jahre widerte michs des Geschlechts,
ich sprach: ›Die sind ein Volk schweifenden Herzens,
meine Wege kennen die nicht!‹ –
daß in meinem Zorne ich schwur:
›Kommen je sie zu meiner Ruhstatt, ...!‹«

XCVI

Singt IHM einen neuen Gesang,
singt IHM, alles Erdreich!
Singt IHM, segnet seinen Namen,
von Tag zu Tag heroldet sein Befreien!
erzählt unter den Stämmen seine Ehre,
unter allen Völkern seine Wunder!

Denn ER ist groß und sehr zu preisen,
zu fürchten er über alle Götter.
Denn Gottnichtse sind alle Götter der Völker,
ER aber hat den Himmel gemacht.
Vor seinem Antlitz ist Hehre und Glanz,
in seinem Heiligtume ist Macht und Prangen.

Zollt IHM, Sippen der Völker,
zollt IHM Ehre und Macht,
zollt IHM seines Namens Ehre!
Traget Spende, kommt in seine Höfe,
werft euch IHM im Erglänzen der Heiligung hin,
vor seinem Antlitz windet euch, alles Erdreich!
Saget unter den Stämmen:
ER trat die Königschaft an,

gefestet, wohl, ist die Welt, nie wankt sie,
er urteilt den Völkern mit Geradheit.

Freuen sollen sich die Himmel,
jauchzen soll das Erdreich,
das Meer dröhnen und was es füllt,
das Gefild sich ergötzen und alles was drauf ist,
dann sollen jubeln alle Bäume des Waldes
vor SEINEM Antlitz, da er kommt,
da er kommt, das Erdreich zu richten:
er richtet die Welt mit Wahrspruch,
die Völker mit seiner Treue.

XCVII

ER trat die Königschaft an,
jauchzen soll das Erdreich,
sich erfreuen die vielen Küsten!

Rings um ihn ist Wolke und Wetterdunkel,
seines Stuhls Grundfeste Wahrheit und Recht.
Vor seinem Antlitz geht Feuer her,
auf seine Bedränger rings loderts ein.
Seine Blitze erleuchten den Weltraum,
die Erde sieht es und windet sich,
die Berge zerfließen wie Wachs
vor SEINEM Antlitz,
vorm Antlitz des Herrn alles Erdreichs.
Die Himmel melden seine Bewährung,
alle Völker sehn seinen Ehrenschein.

Beschämt werden alle Diener des Meißelwerks,
die um die Gottnichtse sich preisen, –
alle Götter warfen sich nieder vor ihm.
Zion hört es und freut sich,
die Töchter Jehudas jauchzen
um deiner Gerichte willen, DU.
Denn über allem Erdreich, DU, bist du der Höchste,
über allen Göttern bist du gar erhöht.

Ihr IHN Liebenden, hasset das Böse!
Der die Seelen seiner Holden behütet,
wird aus der Hand der Frevler sie retten.
Licht ist ausgesät dem Bewährten
und den Herzensgeraden Freude:
freut euch, ihr Bewährten, an IHM,
bekennt euch zum Gedächtnis seiner Erheiligung!

XCVIII

Ein Harfenlied.

Singt IHM einen neuen Gesang,
denn Wunderbares hat er getan,
freie Bahn schaffte ihm seine Rechte,
der Arm seiner Heiligkeit.
Zu kennen gab ER sein Befreien,
den Augen der Weltstämme
offenbarte er seine Bewährung,
gedachte seiner Huld, seiner Treue
dem Hause Jiſsrael,
es sahn alle Ränder der Erde
das Befreiertum unseres Gottes.

Schmettert IHM zu, alles Erdreich!
ausbrecht, jubelt, spielt auf!
spielt IHM auf mit der Leier,
mit der Leier und Saitenspielschall!
mit Drommeten und Schall der Posaune
schmettert vor dem Könige, IHM!
Das Meer dröhne und was es füllt,
das Weltland und die darauf siedeln,
in die Hand klatschen sollen die Ströme,
die Berge jubeln miteinander
vor IHM,
da er kommt, das Erdreich zu richten:
er richtet die Welt mit Wahrspruch,
die Völker mit Geradheit.

XCIX

ER trat die Königschaft an,
die Völker erbeben.
Er sitzt auf Cheruben,
die Erde wogt.
ER ist auf Zion groß,
über allen Völkern er erhaben.

Deinen Namen sollen sie bekennen:
»Groß und furchtbar, heilig ist er!«
und die Macht des Königs,
der das Recht liebt.
Du bists,
der Geradheit hat gefestigt;
Recht und Wahrhaftigkeit
in Jaakob, du bists, ders gemacht hat.
Erhebet IHN, unseren Gott,
werft euch hin dem Schemel seiner Füße,
heilig ist er.

Mosche und Aharon
unter seinen Priestern,
Schmuel
unter denen, die rufen seinen Namen, –
sie rufen zu IHM,
und er, er antwortet ihnen.
In der Wolkensäule
redet er zu ihnen,
die wahrten
seine Vergegenwärtigungen,
das Gesetz, das er ihnen gab.
DU, unser Gott,
du bists, der antwortete ihnen,
tragende Gottheit
bist du ihnen gewesen,
die Händel wider sie ahndend.
Erhebet IHN, unseren Gott,
werft euch dem Berg seines Heiligtums hin!
Denn heilig ist ER, unser Gott.

C

Ein Harfenlied, zum Dankopfer.

Schmettert IHM zu, alles Erdreich!
dienet IHM in der Freude!
kommt mit Jubelruf vor sein Antlitz!

Erkennet, daß ER Gott ist,
er hat uns gemacht, er, wir sind sein,
sein Volk, Schafe seiner Weide.
Kommt in seine Tore mit Dank,
in seine Höfe mit Preisung!
dankt ihm, segnet seinen Namen!

Denn gütig ist ER,
in Weltzeit währt seine Huld,
für Geschlecht um Geschlecht seine Treue.

CI

Von Dawid, ein Harfenlied.

Huld und Gerechtigkeit will ich besingen,
will, DU, harfen dir,
will auf den Weg des Schlichten bedacht sein:
wann kommst du auf mich zu?

Ich ergehe mich in der Schlichtheit meines Herzens
im Innern meines Hauses,
ruchlos Ding stelle ich vor die Augen mir nicht.
Der Abschwärmenden Tun hasse ich,
es darf sich nicht an mich kleben.
Ein verkrümmtes Herz muß von mir weichen,
Böses will ich nicht kennen.
Wer an seinem Genossen heimlich Zungenwerk übt,
ihn schweige ich,
den hochfahrender Augen, geschwollenen Herzens,
ihn ertrage ich nicht.
Mein Augenmerk ist auf den Getreuen des Landes,

zu sitzen mir gesellt,
wer auf dem Wege des Schlichten geht,
der soll mir amten.
Nicht darf sitzen im Innern meines Hauses,
wer Trügrisches tut;
wer Lügen redet,
kann vor meinen Augen nicht aufrecht bleiben.
Morgendlich mache ich still
alle Frevler des Landes,
zu tilgen aus SEINER Stadt
alle Argwirkenden.

CII

Gebet eines Gebeugten, wenn er verzagt
und schüttet seine Klage vor IHN.

DU, höre mein Gebet,
mein Stöhnen komme zu dir!
Versteck vor mir nimmer dein Antlitz!
am Tag, da ich bedrängt bin,
neige mir dein Ohr,
am Tag, da ich rufe,
eilends antworte mir!
Denn in Rauch gehn auf meine Tage,
meine Gebeine verglimmen wie Herdglut.
Geschlagen ist wie Kraut,
verdorrend mein Herz.
Ja, mein Brot vergesse ich zu essen
vor dem Laut meines Ächzens,
an meinem Fleisch klebt mein Gebein.
Ich ähnle der Dohle der Wildnis,
bin wie der Kauz der Trümmer geworden,
ich durchwache und heule wie ein Vogel,
ein vereinsamter, auf dem Dach.
All den Tag höhnen mich meine Feinde,
die mich beschwatzen, schwören bei mir.
Ja, ich esse Asche wie Brot,

würze meinen Trank mit dem Weinen,
vor deinem Dräun, deinem Groll,
denn du hobst mich und warfest mich hin.
Meine Tage sind, wie wenn der Schatten sich neigt,
und ich, wie ein Kraut dorre ich ab.

Du aber, DU, thronst in Weltzeit,
dein Gedenken ist für Geschlecht um Geschlecht.
Selber wirst aufstehen du,
wirst dich Zions erbarmen,
denn die Stunde ists, ihm Gunst zu erzeigen,
denn gekommen ist die Frist
– denn deine Knechte haben an seinen Steinen Gefallen,
günstig sind sie seinem Staub –,
daß DEINEN Namen die Weltstämme fürchten,
alle Erdenkönige deine Ehre:
»Ja, erbaut hat ER Zion,
läßt in seinem Ehrenscheine sich sehn,
hat sich gewandt zum Gebet des Entblößten,
nicht mißachtet hat er ihr Gebet.«
Geschrieben wird es für spätes Geschlecht,
neuerschaffnes Volk wird oh Ihn preisen,
daß von seiner Heiligkeit Höhe er lugte,
blickte, ER, vom Himmel zur Erde,
des Gefesselten Ächzen zu hören,
loszumachen die Kinder der Sterblichkeit,
damit sie auf Zion SEINEN Namen erzählen,
seine Preisung in Jerusalem,
wann die Völker mitsammen ziehen zuhauf,
die Königreiche, IHM zu dienen.

Gebeugt hat man auf dem Weg meine Kraft,
verkürzt hat man meine Tage.
Ich spreche: Mein Gott,
nimmer heiße hinwegsteigen mich
in der Hälfte meiner Tage,
du, dessen Jahre sind
ins Geschlecht der Geschlechter!
Vormals hast du die Erde gegründet,
Himmel sind ein Werk deiner Hände,

die werden schwinden und du, du wirst bestehn,
wie ein Gewand werden allsamt sie zerfasern,
du wechselst sie wie ein Kleid und sie wechseln,
du aber bist derselbe
und deine Jahre enden nie:
mögen Wohnung haben die Kinder deiner Knechte,
vor deinem Antlitz aufrecht bleiben ihr Same!

CIII

Von Dawid.

Segne, meine Seele, IHN,
all mein Innres, seiner Heiligung Namen!
Segne, meine Seele, IHN,
und vergiß nimmer, was all er fertigte dir:
der all dein Fehlen verzeiht,
der all deine Erkrankung heilt,
der dein Leben aus der Grube erkauft,
der mit Huld und Erbarmen dich krönt,
der deine Reife sättigt mit Gutem,
daß sich wie des Adlers deine Jugend erneut!

ER wirkt Bewahrheitungen,
Rechtfertigungen allen Bedrückten.
Seine Wege gab er Mosche zu wissen,
den Söhnen Jißraels sein Handeln:
erbarmend und gönnend ist ER,
langmütig und reich an Huld,
nicht streitet er in die Dauer,
nicht trägt in die Zeit hin er nach.

Nicht nach unsern Sünden wirkt er an uns,
nicht nach unsern Fehlen fertigt ers uns,
sondern wie hoch Himmel über der Erde,
ist seine Huld den ihn Fürchtenden überlegen,
wie fern Aufgang von Abend,
entfernt er von uns unsre Abtrünnigkeiten.
Wie ein Vater sich der Kinder erbarmt,

erbarmt sich ER der ihn Fürchtenden.
Denn er ists, der weiß um unser Gebild,
eingedenk, daß wir Staub sind.

Das Menschlein, wie des Grases sind seine Tage,
wie die Blume des Feldes, so blühts:
wenn der Wind drüber fährt, ist sie weg,
und ihr Ort kennt sie nicht mehr.
Aber SEINE Huld,
von Weltzeit her und für Weltzeit
ist über den ihn Fürchtenden sie,
seine Bewährung für Kinder der Kinder
denen, die seinen Bund hüten,
denen, die seiner Verordnungen gedenken,
sie auszuwirken.

ER hat seinen Stuhl im Himmel errichtet,
und sein Königtum waltet des Alls.
Segnet IHN, ihr seine Boten
– starke Helden, Werker seiner Rede –,
im Horchen auf den Schall seiner Rede!
Segnet IHN, ihr all seine Scharen,
die ihm amten, Werker seines Gefallens!
Segnet IHN, ihr all seine Werke
an allen Orten seines Waltens!
Segne, meine Seele, IHN!

CIV

Segne, meine Seele, IHN!
DU, mein Gott,
du bist sehr groß,
bekleidet mit Hehre und Glanz,
der das Licht um sich schlingt wie ein Tuch,
den Himmel wie einen Zeltteppich spannt.

Er, der im Wasser seine Hochgemächer bälkt,
er, der Gewölk sich als Fahrzeug setzt,
er, der auf Fittichen des Winds sich ergeht,

der zu seinen Boten die Winde macht,
zu ihm Amtenden loderndes Feuer,
er hat auf ihre Festen die Erde gegründet,
sie wankt in Zeit und Ewigkeit nie.
Der Urwirbel, wie mit einem Kleid bedecktest du ihn.
Über den Bergen standen die Wasser,
vor deinem Schelten sind sie geflohn,
vorm Laut deines Donners enthastet,
haben Berge erstiegen, sind in Täler gesunken,
an den Ort, den du gründetest ihnen.
Du hast ihnen die Schranke gesetzt,
die überschreiten sie nie,
kehren nie wieder, die Erde zu decken.

Du, der Quellen schickt in die Bäche
– zwischen Bergen gehen sie hin,
tränken alles Getier des Feldes,
Wildesel stillen ihren Durst,
dran wohnt das Geflügel des Himmels,
zwischen dem Gezweig her geben sie Laut –,
der aus seinen Hochgemächern die Berge tränkt,
von deiner Werke Frucht ersattet die Erde.

Der für das Vieh Gras sprießen läßt,
für des Menschen Ackerdienst Kraut,
aus der Erde Brot zu holen
und Wein, der das Herz der Leute erfreut,
mehr als von Öl schimmern läßt das Antlitz,
aber Brot labt das Herz der Leute.
Gesättigt werden SEINE Bäume,
die Zedern des Libanon, die er gepflanzt hat,
worin Vögel nisten:
der Storch, sein Haus sind Wacholder.
Berge – für die Steinböcke sind die hohen,
Klüfte sind der Klippdachse Schutz.

Der den Mond gemacht hat für Gezeiten,
die Sonne, die ihren Untergang kennt,
bringst Finsternis du, und wird Nacht,
regt sich drin alles Waldgetier:

die Jungleuen brüllen nach Raub,
vom Gottherrn ihre Nahrung zu fordern, –
strahlt die Sonne auf, ziehen sie heim,
lagern sich in ihre Gehege,
hervor kommt, an seine Arbeit, der Mensch,
an seinen Dienst bis zum Abend.

Wie viel sind deine Werke, DU!
alle hast du mit Weisheit gewirkt,
Deiner Stiftung voll ist die Erde.
Das Meer da, groß, breit zuhanden,
ein Gerege ist dort ohne Zahl,
kleine Tiere mit großen, –
dort, wo sich Schiffe ergehen,
ist der Lindwurm, den du bildetest, darin zu spielen.

Sie alle warten auf dich,
ihre Nahrung zu geben zu deren Stunde.
Du gibst ihnen, sie lesen auf,
du öffnest deine Hand, sie ersatten an Gutem.
Du birgst dein Antlitz, sie werden verstört,
du ziehst ihren Geist ein, sie verscheiden
und kehren zu ihrem Staub.
Du schickst deinen Geist aus, sie sind erschaffen
und du erneuerst das Antlitz des Bodens.

Auf Weltzeit sei SEINE Ehre,
ER freue sich seiner Werke:
der zur Erde blickt und sie zittert,
an die Berge rührt und sie rauchen!
In meinem Leben will ich IHM singen,
wann ich noch da bin harfen meinem Gott.
Angenehm sei ihm mein Bericht!
ich aber, ich freue mich an IHM.
Möchten die Sünder vom Erdreich hinweg,
der Frevler keiner mehr sein!

Segne, meine Seele, IHN!
Preiset oh Ihn!

CV

Danket IHM,
ruft seinen Namen aus,
tut unter den Völkern seine Handlungen kund!

Singet ihm,
harfet ihm!
Besinnet all seine Wunder!
Preist euch um den Namen seiner Heiligkeit!
Freue sich das Herz der IHN Suchenden!
Fragt nach IHM und seiner Macht,
suchet stetig sein Antlitz!
Gedenkt der Wunder, die er getan hat,
seiner Erweise,
der Gerichte seines Munds,
Same Abrahams, seines Knechts,
Söhne Jaakobs, seine Erwählten!

Das ist ER, unser Gott,
in allem Erdreich seine Gerichte.
Auf Weltzeit gedenkt er seines Bunds
– der Rede, die er hat entboten
auf tausend Geschlechter –,
den er mit Abraham schloß,
seines Schwures an Jizchak;
er erstellte es Jaakob zum Gesetz,
Jiſsrael zum Weltzeitbund,
sprechend:
»Dir gebe ich das Land Kanaan,
Schnurbereich eures Eigentums.«

Als sie zählige Leute waren,
geringgültig und gastend darin,
einhergingen von Stamm zu Stamm,
von Königreich zu anderem Volk,
ließ er Menschen nicht zu, sie zu bedrücken,
ermahnte Könige ihretwegen:
»Rühret nimmer an meine Gesalbten,
meinen Kündern tut nimmer übel!«

Als er Hunger über das Land rief,
allen Brotstock zerbrach,
hatte er vor ihnen her gesandt einen Mann,
zum Knecht war Joſsef verkauft,
sie quälten seine Füße mit der Kette,
ins Eisen kam seine Seele,
bis zur Stunde, da kam, was er hatte geredet,
SEIN Spruch als schlackenlos ihn erwies:
er sandte einen König, daß er ihn entfeßle,
einen Völkerwalter, daß er loslasse ihn,
der setzte als Herrn ihn über sein Haus,
als Walter über all seine Habe,
seine Fürsten durch dessen Seele zu binden,
und daß seine Ältesten er weise mache.
So kam Jiſsrael nach Ägypten,
Jaakob gastete im Lande Chams.

Sehr fruchten ließ er sein Volk,
ließ es zu stark werden dessen Bedrängern,
ihr Herz wandelte sich, sein Volk zu hassen,
an seinen Knechten Tücke zu üben.
Er sandte Mosche, seinen Knecht,
Aharon, den er hatte erwählt,
sie setzten an sie die Rede seiner Zeichen,
seine Erweise im Lande Chams:
er sandte Finsternis und finster wards
– widerstrebten sie nicht seiner Rede? –;
er wandelte ihre Wasser zu Blut
und ließ ihr Fischgeschlecht sterben;
er machte von Fröschen wimmeln ihr Land,
in die Kammern ihrer Könige hin;
er sprach und Geziefer kam,
Mücken in all ihre Gemarkung;
als ihre Regen gab er Hagel,
Feuerlohe über ihr Land,
er schlug ihnen Rebe und Feige,
zerbrach das Gehölz ihrer Mark;
er sprach und der Heuspringer kam,
ein Grillenschwarm ohne Zahl,

der fraß in ihrem Land alles Kraut,
der fraß die Frucht ihres Ackers;
er schlug in ihrem Land alle Erstgeburt,
den Anfang all ihrer Manneskraft.
Hinaus führte er jene mit Silber und Gold,
kein Strauchelnder war in seinen Stäben.
Ägypten freute sich ihrer Ausfahrt,
denn ihr Schrecken war auf sie gefallen.

Er spreitete eine Wolke zum Schirm,
ein Feuer, die Nacht zu erleuchten.
Es heischte, er ließ Wachteln kommen,
er sättigte mit Himmelsbrot sie,
er öffnete den Fels, Wasser quoll,
ging als ein Strom durch die Heiden.
Denn er gedachte seiner Heiligungsrede,
Abrahams, seines Knechts.
Er führte sein Volk aus in Entzücken,
in Jubel seine Erwählten,
er gab Länder der Weltstämme ihnen,
sie ererbten Müh der Nationen,
auf daß sie seine Gesetze hüten,
seine Weisungen bewahren.

Preiset oh Ihn!

CVI

Preiset oh Ihn!

– Danket IHM, denn er ist gütig,
denn in Weltzeit währt seine Huld.

– Wer raunte SEINE Gewalten aus,
ließe all seine Preisung hören!

– O Glück ihrer, die hüten das Recht,
sein, der allstündlich Bewährung übt!

– Denk mein, DU, bei deines Volkes Begnadung,
ordne dein Befreien mir zu,

anzusehn das Gut deiner Erwählten,
mich zu erfreun an der Freude deines Stamms,
mich zu preisen zusamt deinem Eigen!

Gesündigt haben wir zusamt unsern Vätern,
haben uns verfehlt, haben gefrevelt.

Unsre Väter in Ägypten,
nicht haben sie deine Wunder begriffen,
nicht gedacht der Fülle deiner Hulden. –

Sie widerstrebten beim Meer schon, am Schilfmeer,
aber um seines Namens willen befreite er sie,
seine Gewalt erkennen zu lassen.
Er beschalt das Schilfmeer und es ward trocken,
er ließ durch die Wirbel sie gehn wie durch Wüste,
er befreite sie aus der Hand des Hassers,
er löste sie aus der Hand des Feindes,
die Wasser deckten ihre Bedränger,
es überblieb nicht einer von ihnen.
Da vertrauten sie seinen Worten,
sangen sie seinen Preis.

Schnell vergaßen sie seine Taten,
wollten seinem Ratschluß sich nicht gedulden,
begehrlich gierten sie in der Wüste,
sie prüften in der Öde den Gottherrn,
und er gab ihnen ihr Geheisch,
aber er schickte an ihre Seele die Darre.
Sie eiferten gegen Mosche im Lager,
gegen Aharon, IHM geheiligt,
die Erde öffnete sich, schlang Datan ein,
überdeckte die Gemeinde Abirams,
Feuer zündete in ihre Gemeinde,
Lohe verloderte die Frevler.

Sie machten am Choreb ein Kalb
und warfen vorm Gußbild sich nieder,
sie tauschten ihre Ehre
gegen die Gestalt eines Rindes, das Kraut frißt,
vergaßen den Gottherrn, ihren Befreier,

der Großes tat in Ägypten,
Wunderbares im Lande Chams,
Furchtbares am Schilfmeer.
Und schon sprach er, sie zu vertilgen,
wäre nicht Mosche, sein Erwählter, gewesen:
er trat vor ihn in die Bresche,
abzukehren seinen Grimm vom Verderben.

Sie mißachteten das köstliche Land,
vertrauten nicht seiner Rede,
sie hetzten in ihren Zelten,
hörten nicht auf SEINE Stimme,
und er hob seine Schwurhand ihnen zu,
sie in der Wüste zu fällen
und ihren Samen unter die Erdstämme zu fällen
und sie in die Länder zu worfeln.

Sie verjochten sich dem Baal von Por,
sie aßen Schlachtopfer für Tote,
sie verdrossen mit ihren Sitten,
und der Niederstoß brach in sie ein.
Aber Pinchas trat hin, schlug sich ins Mittel,
und der Niederstoß wurde gehemmt,
und das ward ihm zur Bewährung geachtet
für Geschlecht um Geschlecht in die Zeit.
Sie ergrimmten ihn am Wasser von »Gezänke«,
daß ihrethalb Mosche übel geschah,
denn sie erbitterten ihm den Geist
und er verwog sich mit seinen Lippen.

Sie tilgten die Völker nicht,
von denen ER gesprochen hatte zu ihnen,
sie vermischten sich den Stämmen,
sie lernten ihre Taten,
sie dienten ihren Schnitzdocken
und sie wurden ihnen zur Schlinge:
sie schlachteten ihre Söhne
und ihre Töchter den Wichten,
sie vergossen unsträfliches Blut,
Blut ihrer Söhne und Töchter,

die sie schlachteten Kanaans Docken,
daß das Land entartete durch Blutschuld,
sie bemakelten sich mit ihren Taten,
sie verhurten sich mit ihren Sitten.

Sein Zorn entflammte gegen sein Volk,
und er vergreuelte sein Eigentum.
Er gab sie in der Erdstämme Hand,
ihre Hasser durften über sie walten,
ihre Feinde klemmten sie ein,
unter deren Hand wurden sie niedergezwungen.
Er rettete sie viele Male,
sie aber widerstrebten ihm mit ihrem Ratschluß,
und sie wurden ausgemergelt durch ihren Fehl.
Er aber sah auf ihre Bedrängnis,
wann er ihr Jammern hörte,
und gedachte ihnen seines Bunds
und ließ es leid werden sich
nach der Fülle seiner Hulden
und gab ihnen, Erbarmen zu finden
vor all ihren Fängern.

Befreie uns, Du, unser Gott,
aus den Erdstämmen hole uns zuhauf,
deiner Heiligkeit Namen zu danken,
uns deiner Preisung zu rühmen.

Gesegnet Er,
der Gott Jiſsraels,
von der Weltzeit her und für die Weltzeit!
Und alles Volk spreche: Jawahr!
Preiset oh Ihn!

CVII

Danket IHM, denn er ist gütig,
denn in Weltzeit währt seine Huld.
Sprechen sollens SEINE Erlösten,
die aus der Hand des Bedrängers er löste
und holte sie zuhauf aus den Ländern,
von Aufgang und von Abend, vom Nord und vom Meer.

Die in der Wüste schweiften,
auf verödetem Weg,
nicht fanden besiedelte Stadt,
hungernd, dazu dürstend,
ihre Seele in ihnen verzagt,
die zu IHM schrien in ihrer Drangsal,
die er rettete aus ihren Nöten
und ließ sie auf gradem Weg sich bewegen,
in besiedelte Stadt zu gehn:
danken sollen sie IHM seine Huld,
seine Wunder an Menschenkindern,
daß er sättigte die verschmachtende Seele,
die hungernde Seele füllte mit Gutem.

Die in Finsternis saßen
und Todesschatten,
gefesselt in Qual und Eisen
– denn Gottessprüchen hatten sie widerstrebt,
geschmäht den Ratschluß des Höchsten,
und er bezwang ihr Herz mit der Pein,
sie strauchelten, und da war kein Helfer –
die zu IHM schrien in ihrer Drangsal,
die er aus ihren Nöten befreite,
führte aus Finsternis und Todschatten sie
und zerriß ihre Fesseln:
danken sollen sie IHM seine Huld,
seine Wunder an Menschenkindern,
daß er eherne Türen brach,
zerhieb eiserne Riegel.

Toren, von ihrem Abtrünnigkeitsweg,

von ihren Verfehlungen her gequält
– alle Speise ward ihrer Seele zum Greuel,
und sie gelangten an die Pforten des Tods –,
die zu IHM schrien in ihrer Drangsal,
die er aus ihren Nöten befreite,
sandte sein Wort und heilte sie,
ließ sie ihren Fallgruben entschlüpfen:
danken sollen sie IHM seine Huld,
seine Wunder an Menschenkindern,
und sollen Dankopfer opfern
und mit Jubel seine Taten erzählen.

Die aufs Meer niederzogen in Schiffen,
Werktätige auf großen Wassern,
selber da SEINE Taten sahen,
seine Wunder im Strudel
– wie er sprach und bestellte den Wind,
den Sturm, und er hob seine Wogen –,
himmelan stiegen, urwirbeltief sanken,
ihre Seele berstend im Übel,
sich drehten, schwankten wie ein Trunkner,
all ihre Weisheit verwirrt,
die zu IHM schrien in ihrer Drangsal,
die er führte aus ihren Nöten,
bannte den Sturm zur Stille
daß ihre Wogen sich legten,
und sie freuten sich, daß die ruhten,
und er leitete sie zum Hafen ihres Wunsches:
danken sollen sie IHM seine Huld,
seine Wunder an Menschenkindern,
ihn erheben in der Versammlung des Volks,
im Sitze der Alten ihn preisen.

Er macht Ströme zu Wüste,
Wassersprünge zu Durstsand,
Fruchtland zu Salzsteppen,
ob der Bosheit der darauf Siedelnden.
Er macht Wüste zum Wasserteich,
Heideland zu Wassersprüngen.

Er siedelt dort Hungernde an,
die besiedelte Stadt errichten,
Felder besäen, Weinberge pflanzen,
Fruchtung auftun als Einkunft.
Er segnete sie, sie mehren sich sehr,
und ihr Vieh mindert sich nicht.
Mindern sie dann aber doch sich und sinken
durch Hemmung in Bösgeschick und Kummer,
gießt er über die Edeln Verachtung
und läßt in unwegsamer Wildnis sie schweifen,
aber den Dürftigen entrückt er der Qual
und macht Sippen draus, herdengleich.
Die Geraden sehens und freun sich,
und alles Falsch versperrt seinen Mund.

Wer weise ist, wahre dies,
innewerden mögen sie SEINER Hulden!

CVIII

Ein Gesang, ein Harfenlied Dawids.

Fest ist mein Herz, Gott,
singen will ich, harfen will ich,
ja, meine Ehre!
Ermuntre dich, die Laute und Leier,
ermuntern will ich das Morgenrot.

Unter den Völkern will ich dir danken, DU,
und unter den Nationen dir harfen,
denn über den Himmel groß ist deine Huld,
bis an die Lüfte deine Treue.
Schwinge dich über Himmel, Gott,
über alles Erdreich deine Ehre!

Damit deine Freunde losgeschnürt werden,
befreie mit deiner Rechten, antworte mir! –

Gott hats in seinem Heiligtum geredet:
Ergötzen will ich mich,

Sichem will ich verteilen,
die Tiefebne von Sſukkot vermessen,
mein ist Gilad, meine Mnasche,
Efrajim Helmwehr meines Haupts,
Jehuda mein Richtstab, –
Moab ist Waschbecken mir,
auf Edom werfe ich meinen Schuh,
über Philistien schmettre ich auf.

– Wer bringt mich in die Bollwerkstadt?
wer geleitet mich bis nach Edom?
Nicht, Gott, der du uns hast verabscheut
und zogst, Gott, mit unsern Scharen nicht aus?
Leih vor dem Bedränger uns Hilfe:
Befreiertum von Menschen ist Wahn!
Mit Gott werden wir Mächtiges tun,
er ists, der niederstampft unsre Bedränger.

CIX

Des Chormeisters,
von Dawid, ein Harfenlied.

Gott meiner Preisung,
schweige nimmer!
Denn der Mund des Frevels
und der Mund des Betrugs,
wider mich öffnen sie sich,
reden mit Lügenzunge mich an,
mich umringen Reden des Hasses.
Sie bekämpfen mich grundlos,
für meine Liebe behadern sie mich
– ich aber bin Gebet –,
sie legen mir Böses für Gutes bei
und Haß für meine Liebe.

»Man verordne wider ihn einen Frevler,
ein Hindrer stehe zu seiner Rechten!
Wann er gerichtet wird,

gehe er als frevelsschuldig hervor,
sein Gebet werde zur Versündigung!
Seiner Tage sollen wenige sein,
seine Amtsordnung soll ein anderer nehmen,
Waisen sollen seine Kinder werden,
eine Witwe sein Weib,
streifen, streifen sollen seine Kinder und betteln,
umhersuchen, von ihren Trümmern aus.
Der Gläubiger soll alles, was sein ist, umstricken,
Fremde plündern seinen Fleiß.
Nimmer sei ihm einer, der Holdschaft hält,
nimmer sei ein Gönner seinen Waisen!
Zum Ausrotten sei Nachfolge ihm,
in nachfolgendem Geschlecht werde ihr Name verwischt!
Des Fehls seiner Väter sei bei IHM gedacht,
nimmer verwischt werde die Sünde seiner Mutter,
sie seien IHM stets gegenwärtig
und er rotte von der Erde ihr Gedenken!
Dieweil er nicht gedacht hatte Holdschaft zu tun,
jagte den gebeugten und bedürftigen Mann,
den herzverschüchterten totzumachen,
und liebte den Fluch – und er kommt auf ihn! –
und hatte am Segen nicht Lust – und er bleibt fern ihm! –
und kleidete in den Fluch sich wie in seinen Rock
und wie Wasser kam der in sein Innres,
wie Öl in seine Gebeine:
sei er ihm wie ein Gewand, das er um sich schlingt,
wie ein Riemen, den stets er umgürtet!«
Dies ist meiner Behindrer Werklohn von IHM her,
ihrer, die Böses reden wider meine Seele.

Du aber, DU, mein Herr,
tue an mir um deines Namens willen!
da gütig ist deine Huld, rette mich!
Denn gebeugt und bedürftig bin ich,
und durchbohrt ist mein Herz mir im Innern.
Wie ein Schatten, wann er sich neigt, fahre ich hin,
ich klappre wie ein Heuschreck,
meine Knie schlottern vom Fasten,

fettledig schrumpft mein Fleisch.
Ich, ein Hohn bin ich ihnen geworden,
sie sehn mich an, schütteln ihren Kopf.
Hilf mir auf, DU, mein Gott,
befreie mich nach deiner Huld!
Sie sollen erkennen, daß dies deine Hand ist,
selber DU es getan hast.
Mögen die fluchen, du wirst segnen.
Erheben sie sich, werden sie zuschanden,
aber dein Knecht darf sich freuen.
Meine Behindrer müssen sich kleiden in Schimpf,
wie einen Mantel um sich schlingen ihre Schande. –
Sehr danken will ich IHM mit meinem Munde,
inmitten der Vielen ihn preisen,
denn dem Bedürftigen steht er zur Rechten:
von den seine Seele Richtenden zu befreien.

CX

Von Dawid, ein Harfenlied.

Erlauten von IHM zu meinem Herrn:
»Sitze zu meiner Rechten,
bis ich deine Feinde lege
als Schemel zu deinen Füßen!«

Das Szepter deiner Macht streckt ER aus:
Vom Zion schalte im Gebiet deiner Feinde!

Dein Volk, Willigkeit ists
am Tag deines Heereszugs
in Glanzgewändern der Heiligung:
vom Schoß des Morgengrauns her,
ist der Tau deiner Kindschaft an dir.
Geschworen hat ER
und läßt sichs leid werden nicht:
»Du bist Priester auf Weltzeit,
um meine Sache,
›Bewährungskönig‹, Malki-Zedek.«

Mein Herr ist dir zur Rechten,
der an seinem Zorntag Könige zerschmettert.
Aburteilen unter den Erdstämmen wird er
den, der Leichen gehäuft hat,
er zerschmettert das Haupt über großes Land,
ihn, der auf dem Kriegsweg von jedem Bach trank,
darum das Haupt erhob.

CXI

Preiset oh Ihn!

Danken will ich IHM
mit allem Herzen
im Kreis der Geraden,
der Gemeinde.

Groß sind SEINE Taten,
erfragbar allen
die Lust haben dran,
Hehre und Glanz sein Werk,
seine Bewährung
besteht auf ewig,
Gedenken tat seinen Wundern er auf.

Gönnend und erbarmend ist ER,
gab den ihn Fürchtenden Zehrung,
gedenkt seines Bunds in die Zeit,
die Kraft seiner Taten
hat er seinem Volk angesagt,
da er ihnen Eigentum der Erdstämme gab.

Die Taten seiner Hände
sind Treue und Recht,
all seine Ordnungen sind getreu,
für ewig, für Weltzeit gegründet,
in Treue und Geradheit getan.
Abgeltung sandte er seinem Volk,
entbot seinen Bund in die Zeit.

Heilig und furchtbar

ist sein Name,
Anfang der Weisheit
ist IHN fürchten,
ein Begreifen, gut für alle, die so tun.
Auf ewig besteht sein Preis.

CXII

Preiset oh Ihn!

O Glück des Mannes,
der IHN fürchtet,
sehr Lust hat an seinen Geboten!
Heldisch auf Erden
wird sein Same sein,
»Geschlecht der Geraden«
wird er gesegnet.
Behagen und Reichtum
sind bei ihm zuhaus.
Seine Bewährung
besteht auf ewig.
In der Finsternis strahlt
den Geraden ein Licht,
gönnend, erbarmend, wahrhaftig.
Gut ists um den Mann,
der vergönnt und leiht,
gerecht seine Sachen versorgt,
denn er wankt nicht in Weltzeit.
Zu Weltzeitgedenken
wird der Bewährte.
Vor bösem Gerücht
braucht er sich nicht zu fürchten:
gefestigt ist sein Herz,
gesichert an IHM.
Gegründet ist sein Herz,
er fürchtet sich nicht,
bis er niedersehn darf auf seine Bedränger.
Ausgestreut hat er,

hat den Dürftigen gegeben,
seine Bewährung
besteht auf ewig,
sein Horn ragt in Ehren.
Der Frevler siehts
und es verdrießt ihn,
er fletscht seine Zähne –
und zerrinnt:
verloren geht das Begehren der Frevler.

CXIII

Preiset oh Ihn!

Preiset, ihr SEINE Knechte,
preiset SEINEN Namen!
SEIN Name sei gesegnet
von jetzt bis hin in die Zeit,
vom Aufstrahlen der Sonne
bis zu ihrer Heimkunft
SEIN Name gepriesen!

ER ist über alle Weltstämme erhaben,
sein Ehrenschein über den Himmel.
Wer ist wie ER, unser Gott,
der Sitz hat in der Höhe,
der Sicht hat in die Tiefe
im Himmel und auf der Erde,
vom Staub aufrichtet den Armen,
vom Kot der Dürftigen erhebt,
ihm Sitz zu geben neben den Edlen,
neben den Edlen seines Volks,
Sitz gibt der Sprossenlosen im Haus
als einer frohen Mutter von Kindern!

Preiset oh Ihn!

CXIV

Als Jiſsrael zog aus Ägypten,
Jaakobs Haus aus dem stammelnden Volk,
ward Jehuda zum Heiligtum ihm,
Jiſsrael sein Waltebereich.

Das Meer sah es und floh,
der Jordan bog rückwärts aus,
die Berge hüpften wie Widder,
Hügel wie die jungen Schafe.

Was ist dir, du Meer, daß du fliehst,
du Jordan, biegst rückwärts aus,
ihr Berge, hüpfet wie Widder,
Hügel, wie die jungen Schafe?

Vorm Antlitz des Herrn winde dich, Erde,
vorm Antlitz des Gottes Jaakobs,
der den Fels in einen Wasserteich wandelt,
einen Kiesel zum Wasserquell!

CXV

Nicht uns, DU, nicht uns,
sondern deinem Namen gib Ehre,
um deine Huld, um deine Treue!
Warum sollen die Weltstämme sprechen:
»Wo ist doch ihr Gott?«!
Unser Gott ist im Himmel,
er macht alles, wies ihm gefällt.

Ihre Docken sind Silber und Gold,
Gemächt von Menschenhänden,
haben einen Mund und können nicht reden,
haben Augen und können nicht sehn,
haben Ohren und können nicht hören,
haben eine Nase und können nicht riechen,
ihre Hände, sie können nicht tasten,
ihre Füße, sie können nicht gehn,

nicht tönen sie mit ihrer Kehle.
Ihnen gleich werden, die sie machten,
alles, was sich sichert an ihnen.

– Jiſsrael, sei sicher an IHM!
– Er ist ihre Hilfe, ihr Schild.
– Haus Aharons, seid sicher an IHM!
– Er ist ihre Hilfe, ihr Schild.
– Ihr IHN Fürchtenden, seid sicher an IHM!
– Er ist ihre Hilfe, ihr Schild.

– ER hat unser gedacht, er wird segnen,
segnen das Haus Jiſsraels,
segnen das Haus Aharons,
segnen die IHN Fürchtenden,
die Kleinen samt den Großen.

– Füge ER für euch noch hinzu,
für euch und für eure Kinder!
Gesegnet seiet ihr IHM,
der Himmel und Erde gemacht hat!

– Der Himmel, SEIN Himmel ists,
den Menschenkindern gab er die Erde.
Nicht die Toten preisen oh Ihn,
nicht alldie in die Tiefstille sanken.
Wir aber segnen oh Ihn,
von jetzt an bis hin in die Zeit.

Preiset oh Ihn!

CXVI

Ich liebe,
denn ER hört
meine Stimme, mein Gunsterflehn.
Denn er hat sein Ohr mir geneigt,
und meine Tage hindurch rufe ich an.
Umschwirren mich Streiche des Todes,
treffen des Gruftreichs Drangsalen mich,

treffe ich Bedrängnis und Kummer,
SEINEN Namen rufe ich an:
»Ach doch, DU,
lasse meine Seele entschlüpfen!«
Gönnend ist ER und wahrhaftig,
unser Gott ein Erbarmender.
ER ist ein Hüter der Einfältigen,
bin ich erschwacht, er befreit mich.
Kehre, meine Seele, zu deiner Ruhestatt um,
denn ER fertigts für dich.

Ja, du hast entwunden
meine Seele dem Tod,
mein Auge der Träne,
meinen Fuß dem Anstoß,
vor DEINEM Antlitz darf ich mich ergehn
in den Ländern des Lebens.

Ich vertraue,
wenn ich reden muß:
»Ich da, ich bin sehr gebeugt!«
Ich da, ich sprach in meiner Bestürzung:
»Alle Menschheit täuscht!«
Womit soll ich nun IHM erstatten
all seine Zufertigung für mich!
Den Becher der Befreiungen heb ich
und rufe SEINEN Namen an,
ich zahle IHM meine Gelübde
zugegen doch all seinem Volk.

Teuer ist in SEINEN Augen
das Versterben seiner Holden.
Ach doch, DU,
ich bin ja dein Knecht,
bin dein Knecht, der Sohn deiner Magd, –
gelöst hast du meine Fesseln.
Dir opfre ich Opfer des Danks,
und DEINEN Namen rufe ich an. –
Ich zahle IHM meine Gelübde
zugegen doch all seinem Volk

in den Höfen SEINES Hauses
in deiner Mitte, Jerusalem.

Preiset oh Ihn!

CXVII

Preiset, alle Weltstämme, IHN,
rühmt ihn, all ihr Nationen!
Denn gewaltig ist über uns seine Huld,
SEINE Treue währt in Weltzeit.
Preiset oh Ihn!

CXVIII

Danket IHM, denn er ist gütig,
denn in Weltzeit währt seine Huld!
Spreche doch Jiſsrael:
Denn in Weltzeit währt seine Huld!
Spreche doch das Haus Aharons:
Denn in Weltzeit währt seine Huld!
Sprechen doch die IHN Fürchtenden:
Denn in Weltzeit währt seine Huld!

Aus der Drangsal rief ich: Oh Er!
in der Weite gab mir Antwort oh Er.
ER ist für mich, ich fürchte nicht,
was kann ein Mensch mir tun!
ER ist für mich, meine Helferschaft, –
meine Hasser werde ich besehn.
Besser ists, sich bergen an IHM,
als sich sichern an Menschen.
Besser ists, sich bergen an IHM,
als sich sichern an Edeln.
Haben Erdstämme allerart mich umrungen,
mit SEINEM Namen, wohl, kappe ich sie.
Haben sie mich umringt, ja umrungen,
mit SEINEM Namen, wohl, kappe ich sie.

Haben sie mich umringt wie Bienen,
sie verschwelen wie Dornenfeuer,
mit SEINEM Namen, wohl, kappe ich sie.
Gestoßen, hingestoßen ward ich zum Fallen,
aber ER hat mir aufgeholfen.

Mein Stolz und Saitenspiel ist oh Er,
und ward meine Freiheit.
Die Stimme des Jubels und der Befreiung
ist in den Zelten der Bewährten:
»SEINE Rechte tut Mächtiges!
SEINE Rechte ist erhoben,
SEINE Rechte tut Mächtiges!«
Ich sterbe nicht, nein, ich darf leben
und oh Seine Taten erzählen.
Gezüchtigt hat oh Er mich, gezüchtigt,
aber dem Sterben hat er mich nicht übergeben.

– Öffnet mir die Tore der Wahrheit,
ich will in sie kommen, danken will ich oh Ihm!
– Dies ist das Tor zu IHM,
Bewährte kommen darein.
– Ich danke dir, daß du mich gebeugt hast
und wardst mir zur Befreiung.

– Der Stein, den die Bauherrn verwarfen,
er ist zum Eckhaupt geworden.
– Geworden ist dies von IHM her,
ein Wunder ist das vor unseren Augen.

– Dieser ist der Tag, den ER aufgetan hat.
– Jauchzen wir und freuen uns sein!

– Ach doch, DU, befreie doch!
– Ach doch, DU, laß doch gelingen!

– Mit SEINEM Namen gesegnet, der kommt!
– Aus SEINEM Hause segnen wir euch!

– Gottherr ist ER und er leuchtete uns!

– Haltet den Festreihn mit Seilen gebunden

bis an die Hörner der Schlachtstatt!

– Mein Gottherr bist du,
ich will dir danken,
mein Gott,
ich will dich erheben.

– Danket IHM, denn er ist gütig,
denn in Weltzeit währt seine Huld.

CXIX

O Glück ihrer, die schlichten Wegs sind,
die in SEINER Weisung gehn,
o Glück ihrer, die seine Zeugnisse wahren,
die mit allem Herzen fragen nach ihm!
Falsch haben sie durchaus nicht geübt,
in seinen Wegen sind sie gegangen. –
Deine Ordnungen hast du selber entboten,
sie sehr zu behüten.
Ach daß gefestet seien meine Wege,
zu hüten deine Gesetze!
Dann würde ich nicht zuschanden,
wann ich blicke auf all deine Gebote.
Ich danke dir in Herzensgeradheit,
wann ich die Rechtsgeheiße lerne deiner Bewährung.
Ich will deine Gesetze hüten, –
verlaß mich nimmer gar sehr!

Wodurch klärt ein Jüngling seine Bahn?
Sich hütend gemäß deiner Rede.
Mit all meinem Herzen frage ich dir nach, –
von deinen Geboten laß mich abirren nimmer!
In meinem Herzen speicherte ich deinen Spruch,
damit an dir ich nicht sündige.
Gesegnet seiest du, DU,
lehre mich deine Gesetze!
Mit meinen Lippen zähle ich auf
alle Rechtsgeheiße deines Mundes.

Am Weg deiner Zeugnisse entzücke ich mich
wie über allem Behagen.
Deine Anordnungen will ich besinnen,
anblicken deine Bahnen,
mich an deinen Gesetzen erquicken,
nicht vergessen deine Rede.

Fertige deinem Knechte es zu: möge ich leben,
und hüten will ich deine Rede.
Mache meine Augen bar, daß ich erblicke
Wunder aus deiner Weisung.
Ein Gast bin ich auf der Erde,
nimmer verhehle mir deine Gebote!
Mir zermürbt sich vom Verlangen die Seele
nach deinen Rechtsgeheißen zu aller Stunde.
Du beschiltst die Vermeßnen, verwünscht sind,
die abirren von deinen Geboten.
Wälze von mir Hohn und Verachtung,
denn deine Zeugnisse habe ich bewahrt.
Säßen auch Fürsten, wider mich sich beredend,
dein Knecht besinnt deine Gesetze.
Wohl, deine Zeugnisse sind meine Erquickung,
meine Ratsleute sie.

Meine Seele haftet am Staub,
belebe mich gemäß deiner Rede!
Meine Wege erzählte ich und du antwortetest mir –
lehre mich deine Gesetze,
lasse deiner Ordnungen Weg mich verstehn,
besinnen will ich deine Wunder.
Vor Gram entsickert mir die Seele,
erhalte mich gemäß deiner Rede!
Den Lügenweg rücke mir ab,
vergönne mir deine Weisung!
Den Weg der Treue habe ich gewählt,
deine Rechtsgeheiße gehegt.
An deinen Zeugnissen hafte ich –
DU, beschäme mich nimmer!
Ich laufe den Weg deiner Gebote.

denn du weitest mein Herz.

Weise mir, DU, den Weg deiner Gesetze,
bewahren will ich ihn, als Lohn.
Mache mich verstehn und deine Weisung bewahr ich,
mit allem Herzen hüte ich sie.
Laß mich auf dem Pfad mich deiner Gebote bewegen,
denn an ihm habe ich Lust.
Zu deinen Zeugnissen neige mein Herz,
nimmer zum Gewinn!
Zieh meine Augen vom Sehn des Wahngetriebs ab,
belebe mich durch deinen Weg!
Halte deinem Knecht deinen Spruch,
der gilt für das, was dich fürchtet!
zieh meine Verhöhnung hinweg, davor mir graut,
denn deine Rechtsgeheiße sind gut.
Da, nach deinen Ordnungen verlangts mich,
belebe mich durch deine Bewährung!

Und kommen mögen mir, DU, deine Hulden,
dein Befreiertum gemäß deinem Spruch,
daß ich meinem Höhner Rede antworten kann,
denn in deiner Rede bin ich gesichert.
Nimmer entreiße gar sehr meinem Mund die getreue Rede,
denn ich harre deines Gerichts.
Hüten will ich deine Weisung
stets in Weltzeit und Ewigkeit.
Ergehn darf ich mich in der Weite,
denn ich frage deinen Ordnungen nach.
Von deinen Zeugnissen will ich vor Königen reden,
und nie werde ich zuschanden.
Ich erquicke mich an deinen Geboten,
die ich liebe.
Ich hebe meine Hände zu deinen Geboten,
die ich liebe,
und besinnen will ich deine Gesetze.

Gedenke der Rede zu deinem Knecht,
drum daß du mich hast harren lassen.
Dies ist mein Trost in meinem Gebeugtsein,

daß dein Spruch mich belebt.
Mich bewitzeln die Vermeßnen übersehr –
von deiner Weisung biege ich nicht ab.
Ich gedenke deiner Gerichte von der Urzeit,
DU, und ich getröste mich.
Samumglut faßt mich vor den Frevlern,
die deine Weisung verlassen.
Harfenweisen werden mir deine Gesetze
in meiner Gastschaft Haus.
In der Nacht gedenke deines Namens ich, DU,
und will deine Weisung hüten.
Dieses ist mir geworden,
da ich deine Ordnungen wahrte.

»Mein Teil ist ER«, habe ich gesprochen:
deine Reden zu hüten.
Ich sänfte mit allem Herzen dein Antlitz –
leih Gunst mir gemäß deinem Spruch!
Ich plane meine Wege um,
kehre zu deinen Zeugnissen meine Füße.
Ich eile, ich verzögre mich nicht,
deine Gebote zu hüten.
Umwinden mich Stricke der Frevler,
deine Weisung vergesse ich nicht.
Mittnachts stehe ich auf dir zu danken
für die Gerichte deiner Bewährung.
Die dich fürchten, allen bin ich Gefährte
und den Hütern deiner Ordnungen.
Deine Huld, DU, füllt die Erde,
deine Gesetze lehre mich!

Gut hast du an deinem Knechte getan,
DU, gemäß deiner Rede,
lehre mich das Gut an Erfahren und Kennen,
denn ich vertraue deinen Geboten.
Ehe ich gebeugt ward, war ein Irrender ich,
jetzt aber hüte ich deinen Spruch.
Gütig bist du und Gutes wirkend,
lehre mich deine Gesetze!

Lug schmieren die Vermeßnen mir auf,
der ich mit allem Herzen deine Ordnungen wahre.
Stumpf wie Fett ist ihr Herz,
ich aber, an deiner Weisung habe ich Erquicken.
Gut ists mir, daß ich wurde gebeugt:
damit ich deine Gesetze lerne.
Gut ist mir die Weisung deines Mundes
mehr als Tausende Goldes und Silbers.

Deine Hände haben mich gemacht und gefestet,
laß mich verstehn, auf daß deine Gebote ich lerne!
Die dich Fürchtenden werden mich sehn und sich freuen,
denn auf deine Rede habe ich geharrt.
Ich erkenne, DU, daß Wahrheit sind deine Rechtsgeheiße
und in Treuen du mich gebeugt hast.
Sei es doch deine Huld, mich zu trösten,
gemäß deinem Spruch an deinen Knecht!
Dein Erbarmen komme mir, daß ich lebe,
denn deine Weisung ist meine Erquickung.
Zuschanden müssen die Vermessenen werden,
daß sie lügenhaft mich verzerrten,
der ich deine Ordnungen besinne,
mir zukehren müssen sich, die dich fürchten,
die deine Zeugnisse kennen.
Mein Herz sei schlicht in deinen Gesetzen,
damit ich zuschanden nicht werde.

Nach deinem Befreien verzehrt sich meine Seele,
ich harre auf deine Rede,
nach deinem Spruch verzehren sich meine Augen,
da ich spreche: Wann wirst du mich trösten?
Denn wie ein Schlauch im Qualm bin ich worden, –
deine Gesetze habe ich nicht vergessen.
Wieviel sind der Tage deines Knechts! –
wann tust du Gericht an meinen Verfolgern?
Die Vermeßnen haben mir Gruben gebohrt,
sie, die nicht deiner Weisung gemäß sind.
Alle deine Gebote sind Treue,
lügnerisch verfolgt man mich, hilf mir auf!
Fast hätten sie aufgezehrt mich auf Erden,

ich aber verlasse deine Ordnungen nicht.
Belebe mich gemäß deiner Huld,
daß ich das Zeugnis hüten kann deines Mundes!

In Weltzeit, DU:
deine Rede ist mit dem Himmel errichtet,
für Geschlecht um Geschlecht bleibt deine Treue,
du hast die Erde gefestet, sie stand.
Nach deinen Rechtsgeheißen bestehn sie noch heut,
denn das All, es sind deine Knechte.
Wäre deine Weisung nicht mein Erquicken,
in meinem Gebeugtsein wäre dann ich geschwunden.
Deine Ordnungen vergesse ich nicht in die Zeit,
denn du belebst mich durch sie.
Dein bin ich, befreie mich,
denn deinen Ordnungen frage ich nach.
Auf mich harrten Frevler, mich verschwinden zu lassen,
deine Zeugnisse will ich verstehen.
Aller Vollendung sehe ich eine Grenze, –
gar weit ist dein Gebot.

Wie liebe ich deine Weisung!
all den Tag ist sie mein Sinnen.
Mehr als meine Feinde macht mich klug dein Gebot,
denn in die Zeit hin ists mein,
mehr als all meine Lehrer darf ich begreifen,
denn deine Zeugnisse sind mir das Sinnen,
mehr als die Alten kann ich verstehen,
denn deine Ordnungen habe ich bewahrt.
Vor allem bösen Pfad hemmte ich meine Füße,
damit ich deine Rede hüte.
Von deinen Rechtsgeheißen wich ich nicht ab,
denn du bists, der mich unterwies.
Wie lind sind sie meinem Gaumen,
mehr als Honig dein Spruch meinem Mund.
An deinen Ordnungen werde ich verständig,
drum hasse ich allen Lügenpfad.

Eine Lampe ist meinem Fuß deine Rede,
ein Licht meinem Steig.

Geschworen habe ich und ich wills halten,
deiner Bewährung Rechtsgeheiße zu hüten.
Gar sehr bin ich gebeugt,
DU, belebe mich gemäß deiner Rede!
Die Willigungen meines Munds nimm zugnaden doch an,
DU, und lehre mich deine Rechtsgeheiße!
Meine Seele ist mir in der hohlen Hand stets,
aber deine Weisung habe ich nicht vergessen.
Einen Sprenkel haben mir die Frevler gelegt,
von deinen Ordnungen bin ich nicht abgeschweift.
In Weltzeit habe ich deine Zeugnisse eigen,
denn das Entzücken meines Herzens sind sie.
Geneigt habe ich mein Herz, deine Gesetze zu tun,
in Weltzeit ists Lohn.

Ich hasse die Zwiegegabelten,
aber ich liebe deine Weisung.
Du bist mein Versteck und mein Schild,
ich harre auf deine Rede.
Weicht, ihr Boshaften, von mir,
die Gebote meines Gottes will ich wahren.
Stütze mich gemäß deinem Spruch, daß ich lebe,
an meiner Erwartung laß mich nimmer zuschanden werden!
Bestätige mich, und ich bin befreit,
stets will ich betrachten deine Gesetze.
Du ächtest alle, die abirren von deinen Gesetzen,
denn ihre Trugkunst ist Lüge.
Als Schlacken enträumst du alle Frevler der Erde,
darum liebe deine Zeugnisse ich.
Von deinem Schrecken grieselts durchs Fleisch mir,
ich fürchte mich vor deinen Gerichten.

Ich tat Recht und Wahrhaftigkeit,
überliefre mich nie meinen Bedrückern!
Für deinen Knecht bürge zum Guten,
nimmer bedrücken dürfen mich die Vermeßnen!
Nach deiner Befreiung verzehren sich meine Augen,
nach dem Spruche deiner Bewährung.
Tu an deinem Knecht gemäß deiner Huld,

deine Gesetze lehre mich!
Dein Knecht bin ich, mache mich verstehn,
daß deine Zeugnisse ich erkenne.
Es ist die Stunde, für DICH zu tun:
sie zerbröckeln deine Weisung.
Darum liebe ich deine Gebote
mehr als Gold und als Feinerz,
darum halte ich alle Ordnungen in allem gerad ein,
allen Lügenpfad hasse ich.

Deine Zeugnisse sind wundersam,
darum wahrt sie meine Seele.
Die Eröffnung deiner Reden leuchtet,
Einfältige macht sie verständig.
Ich reiße meinen Mund auf und schnappe,
denn mich verlangts nach deinen Geboten.
Wende dich mir zu und leihe mir Gunst
gemäß dem Recht für sie, die deinen Namen lieben!
Meine Tritte festige mit deinem Spruch,
laß nimmer allerart Arg mit mir schalten!
Gilt von Menschenbedrückung mich ab,
auf daß ich deine Ordnungen hüte!
Dein Antlitz laß leuchten deinem Knecht
und lehre mich deine Gesetze!
In Wasserbächen fließen meine Augen nieder
über jene, die deine Weisung nicht hüten.

Du bist wahrhaftig, DU,
und gerade in deinen Gerichten.
Deine Zeugnisse hast du in Wahrhaftigkeit entboten
und gar in Treuen.
Aufgerieben hat mich mein Eifer,
denn meine Bedränger haben deine Reden vergessen.
Ausgeschmolzen ist dein Spruch gar,
und dein Knecht liebt ihn.
Gering bin ich und verachtet,
deine Ordnungen habe ich nicht vergessen.
Deine Bewährung ist wahr in Weltzeit
und deine Weisung getreu.
Haben Drangsal und Not mich betroffen,

deine Gebote sind meine Erquickung.
Deine Zeugnisse sind in Weltzeit bewährt,
verstehen lasse mich, auf daß ich lebe!

Ich rief mit allem Herzen, antworte mir, DU,
wahren will ich deine Gesetze.
Ich habe dich gerufen, befreie mich,
ich will deine Zeugnisse hüten.
In der Dämmrung schon komme ich vor und muß stöhnen:
»Ich harre auf deine Rede.«
Den Nachtwachen kommen meine Augen zuvor,
deinen Spruch zu besinnen.
Höre gemäß deiner Huld meine Stimme,
DU, belebe mich gemäß deinem Recht!
Nahn sie, die nachfolgen der Zuchtlosigkeit
– fern sind sie deiner Weisung –,
nahe bist du, o DU,
und all deine Gebote getreu.
An deinen Zeugnissen erkenne ich von vormals,
daß auf Weltzeit du sie hast gegründet.

Sieh mein Gebeugtsein an und entschnüre mich,
denn deine Weisung habe ich nicht vergessen.
Streite meinen Streit und löse mich aus,
nach deinem Spruche belebe mich!
Fern ist den Frevlern die Befreiung,
denn nach deinen Gesetzen fragen sie nicht.
Viel ist deines Erbarmens, DU,
gemäß deinen Gerichten belebe mich!
Viele sinds, die mich verfolgen und drängen,
von deinen Zeugnissen bog ich nicht ab.
Sah ich Verräter, es widerte mich,
daß sie deinen Spruch nicht hüten.
Sieh, daß ich deine Ordnungen liebe,
DU, gemäß deiner Huld belebe mich!
Das Hauptstück deiner Rede ist Treue,
in Weltzeit bleibt alle Gerechtigkeit deiner Bewährung.

Fürsten verfolgen mich grundlos,
aber nur vor deiner Rede erschrak je mein Herz.

Ich entzücke an deinem Spruch mich,
wie wer viele Beute findet.
Lüge hasse und verabscheue ich,
deine Weisung ists, die ich liebe.
Dich preise ich des Tags siebenmal
um die Gerichte deiner Bewährung.
Friedens viel ist ihrer, die deine Weisung lieben,
und für sie gibt es kein Straucheln.
Dein Befreien erhoffe ich, DU,
und tue deine Gebote.
Deine Zeugnisse hütet meine Seele
und ich liebe sie sehr.
Deine Ordnungen und deine Zeugnisse hüt ich,
denn all meine Wege sind vor dir.

Deinem Antlitz nahe mein Jammern, DU,
gemäß deiner Rede mach mich verstehn!
Vor dein Antlitz komme mein Flehen,
gemäß deinem Spruch rette mich!
Meine Lippen werden Preisung sprudeln,
denn lehren wirst du mich deine Gesetze.
Wechselsagen wird deinen Spruch meine Seele,
denn alle deine Gebote sind Wahrheit.
Dasei deine Hand, mir aufzuhelfen,
denn deine Ordnungen habe ich erwählt.
Nach deiner Befreiung verlange ich, DU,
deine Weisung ist mein Erquicken.
Meine Seele lebe, daß sie dich preise,
und mir helfe dein Gericht!
Ich bin abgeschweift,
wie ein verlorenes Schaf suche deinen Knecht,
denn deine Gebote habe ich nicht vergessen.

CXX

Ein Aufstiegsgesang.

Zu IHM in meiner Bedrängnis
rufe ich und er antwortet mir.

DU, rette meine Seele
vor der Lügenlippe,
vor der trügrischen Zunge!
Was wird er dir geben,
was dir dazutun,
trügrische Zunge?
Eines Helden Pfeile, gespitzt
Ginsterkohlen dazu!

O wehe mir,
daß ich gegastet habe in Maschech,
angewohnt bei Kedars Gezelten!
Lang genug hat meine Seele gewohnt
bei dem Hasser des Friedens:
ich bin Friede, aber ob ichs auch rede,
sie sind des Kriegs.

CXXI

Ein Aufsteiggesang.

– Zu den Bergen hebe ich meine Augen:
woher wird meine Hilfe kommen?
Meine Hilfe ist von IHM her,
der Himmel und Erde gemacht hat.
– Nimmer gebe deinen Fuß er dem Wanken,
nimmer schlummre dein Hüter!
– Wohl, nicht schlummert, nicht schläft er,
der Hüter Jißraels.

– ER ist dein Hüter,
ER ist dein Schatten
über deiner rechten Hand.
Tags schlägt dich nicht die Sonne
noch Mond bei Nacht.
ER hütet dich vor allem Bösen,
hütet deine Seele.
ER hütet deine Ausfahrt und Heimkunft
von jetzt an bis hin in die Zeit.

CXXII

Ein Aufstiegsgesang Dawids.

Ich freute mich, als man zu mir sprach:
»Zu SEINEM Haus wollen wir gehn!«
Stehn geblieben sind unsre Füße
in deinen Toren, Jerusalem.

Jerusalem du, auferbaut
als eine Stadt, die in sich verfugt ist zusamt,
da hinauf dort die Stäbe ziehn,
die Volksstäbe oh Sein,
– Bezeugung an Jiſsrael ists,
SEINEM Namen zu danken.
Ja, dorthin sind Stühle gesetzt fürs Gericht,
Stühle für Dawids Haus.

Erwünschet den Frieden Jerusalems:
Die dich lieben, seien befriedet!
Friede sei in deiner Umwallung,
Zufriedenheit in deinen Palästen!
Um meiner Brüder, meiner Genossen willen
will ich Frieden doch erreden für dich,
um SEINES, unsres Gottes, Hauses willen
will ich um Gutes ansuchen für dich.

CXXIII

Ein Aufstiegsgesang.

Zu dir habe ich meine Augen erhoben,
der in den Himmeln thront!
Wohl, wie die Augen von Knechten
auf die Hand ihres Herrn,
wie die Augen einer Magd
auf die Hand ihrer Gebietrin,
so unsere Augen
auf IHN unseren Gott,
bis er uns Gunst leiht.

Gunst leihe, leihe uns, DU,
denn satt genug wurden wir der Verachtung,
zur Genüge satt ward unsre Seele
des Spottes der Wohlgemuten,
der Verachtung der Hochfahrenden.

CXXIV

Ein Aufstiegsgesang Dawids.

Wärs nicht ER, der für uns war
– spreche doch Jiſsrael –,
wärs nicht ER, der für uns war,
als Menschen gegen uns standen,
dann hätten sie uns lebend verschlungen,
als auf uns einflammte ihr Zorn,
dann hätten uns hinweg die Wasser gespült,
wäre ein Wildbach über unsre Seele gezogen,
dann wärs über unsre Seele gezogen,
die aufsiedenden Wasser.

Gesegnet sei ER,
der uns zum Zerreißen nicht gab ihren Zähnen!
Unsre Seele gleicht dem Vogel,
der dem Sprenkel der Fänger entschlüpfte,
der Sprenkel zerbrach
und wir sind entschlüpft.
Unsre Hilfe ist in SEINEM Namen,
der Himmel und Erde gemacht hat.

CXXV

Ein Aufstiegsgesang.

Die sich sichern an IHM,
sind wie der Zionsberg,
nie wankt er,
für Weltzeit ist er hingesetzt.

Jerusalem,
Berge sind rings um es her,
So ist ER rings um sein Volk
von jetzt an und auf Weltzeit.

Denn nicht wird ruhn
der Stab des Frevels
auf dem Losteil der Bewährten,
damit nicht strecken die Bewährten
zum Falsch ihre Hände.
Tue gut, DU, den Guten,
den an ihren Herzen Geraden! –
Die abbiegen aber,
ihre Krümmnisse läßt ER sie gehn,
die Argwirkenden.
Friede über Jiſsrael!

CXXVI

Ein Aufstiegsgesang.

Wann ER kehren läßt die Heimkehrerschaft Zions,
werden wie Träumende wir.
Lachens voll ist dann unser Mund,
unsere Zunge Jubels.
Man spricht in der Stämmewelt dann:
»Großes hat ER an diesen getan!« –
Großes hatte an uns ER getan,
Frohe waren wir worden.

Lasse, DU, uns Wiederkehr kehren
wie den Bachbetten im Südgau!
Die nun säen in Tränen,
im Jubel werden sie ernten.
Er geht und weint im Gehn,
der austrägt den Samenwurf,
im Jubel kommt einst, kommt,
der einträgt seine Garben.

CXXVII

Ein Aufstiegsgesang Schlomos.

Will ER ein Haus nicht erbauen,
wahnhaft mühn sich dran seine Erbauer.
Will ER eine Stadt nicht behüten,
wahnhaft durchwacht der Hüter.
Wahnheit ists euch,
die ihr überfrüh aufsteht,
die ihr euch überspät hinsetzt,
die das Brot der Trübsal ihr esset: –
Rechtes,
im Schlaf gibt ers seinem Freund.

Da, von IHM eine Zueignung: Söhne,
ein Sold: die Frucht des Leibes.
Wie Pfeile in des Wehrmanns Hand,
so sind die Söhne der Jugend.
O Glück des Mannes,
der seinen Köcher mit ihnen gefüllt hat!
Die werden nicht zuschanden,
wenn sie mit Feinden reden im Tor.

CXXVIII

Ein Aufstiegsgesang.

O Glück alljedes, der IHN fürchtet,
der in seinen Wegen geht!
Der Fleiß deiner Hände,
wenn du davon issest, o deines Glücks!
gut darfst du es haben.
Dein Weib wie ein fruchtbarer Weinstock
im Rückgemach deines Hauses,
deine Kinder wie Ölbaumreiser
rings um deinen Tisch:
da! denn so wird gesegnet
der Mann, der IHN fürchtet.

Segne ER dich vom Zion her!
sieh an, wie es Jerusalem gut hat,
alle Tage deines Lebens,
sieh deinen Kindern Kinder!
Friede über Jiſsrael!

CXXIX

Ein Aufstiegsgesang.

Zur Genüge haben sie mich bedrängt
von meiner Jugend auf
– spreche doch Jiſsrael –,
zur Genüge haben sie mich bedrängt
von meiner Jugend auf,
dennoch haben sie mich nicht übermocht.
Auf meinem Rücken pflügten die Pflüger,
lang zogen sie ihre Strecke,
ER ist bewährt, er zerspliß
den Strang der Frevler.
Schämen müssen sich, hinter sich prallen
alle, die Zion hassen,
wie Gras der Dächer müssen sie werden,
das eh mans ausraufte verdorrt ist,
wovon der Schnitter sich die Hohlhand nicht füllt
noch der Garbenbinder den Bausch
und die vorbeiwandern nicht sprechen:
»SEINEN Segen euch zu!«
»Wir segnen euch mit SEINEM Namen!«

CXXX

Ein Aufstiegsgesang.

Aus Tiefen rufe ich dich, DU!
mein Herr, auf meine Stimme höre!
aufmerksam seien deine Ohren
der Stimme meines Gunsterflehns!

Wolltest Fehle du bewahren, oh Du,
mein Herr, wer könnte bestehn!
Bei dir ja ist die Verzeihung,
damit du gefürchtet werdest. –

Ich erhoffe IHN, meine Seele hofft,
ich harre auf seine Rede,
meine Seele auf meinen Herrn,
mehr als Wächter auf den Morgen zu
wachen auf den Morgen zu.

Harre IHM zu, Jiſsrael!
Denn bei IHM ist die Huld,
Abgeltung viel bei ihm,
er ists, der Jiſsrael abgelten wird
aus all seinen Fehlen.

CXXXI

Ein Aufstiegsgesang Dawids.

DU!
Nicht überhebt sich mein Herz,
nicht versteigen sich meine Augen,
nicht gehe ich um mit Großem,
mit mir zu Wunderbarem.
Habe ich nicht geebnet,
stillgemacht meine Seele:
wie ein Entwöhntes an seiner Mutter,
wie das Entwöhnte ist an mir meine Seele.
Harre IHM zu, Jiſsrael,
von jetzt an und bis hin in die Zeit!

CXXXII

Ein Aufstiegsgesang.

Gedenke dem Dawid, DU,
all sein Hingebeugtsein,
da er es zuschwur, DIR,

es dem Recken Jaakobs gelobte:
»Komme je ich ins Zelt meines Hauses,
besteige je ich das Bett meines Lagers,
gebe je ich Schlaf meinen Augen,
meinen Wimpern Schlummer,
bis die Stätte ich finde, die SEIN ist,
für den Recken Jaakobs die Wohnung, ...!«
»Wohl, wir haben davon in Efrata gehört,
es gefunden in Jearims Gefild,
wir wollen kommen zu seiner Wohnung,
uns hinwerfen zum Schemel seiner Füße!«
»Steh auf, DU, – zu deinem Ruheort hin,
du und der Schrein deiner Macht!
Deine Priester sollen in Bewährung sich kleiden
und deine Holden sollen jubeln!«
Um Dawids deines Knechtes willen
lasse das Antlitz deines Gesalbten sich nimmer abkehren
müssen!

Zugeschworen hat ER es dem Dawid,
treulich, er kehrt sich nicht davon ab:
»Von der Frucht deines Leibes
setze ich dir auf den Stuhl:
wahren meinen Bund deine Söhne,
meine Vergegenwärtigung, die ich sie lehre,
sollen auch ihre Söhne auf ewig
sitzen dir auf dem Stuhl.«

Denn ER hat den Zion erwählt,
hat ihn begehrt sich zum Sitz:
»Auf ewig ist mein Ruheort dies,
hier werde ich sitzen, denn ich begehrs.
Seine Kost will segnen ich, segnen,
seine Dürftigen sättigen mit Brot.
Seine Priester will ich kleiden in Heil,
seine Holden jubeln machen, jubeln.
Dort lasse ein Horn ich sprießen dem Dawid,
rüste eine Leuchte ich meinem Gesalbten.
Seine Feinde will ich kleiden in Schande,
aber auf ihm wird sein Weihereif blühn.«

CXXXIII

Ein Aufstiegsgesang Dawids.

Wohlan, wie gut und wie mild ists,
wenn Brüder mitsammen auch siedeln!
Gleichwie das gute Öl auf dem Haupt
sich hinabsenkt auf den Bart,
Aharons Bart,
der sich auf den Schlitz seines Kollers hinabsenkt,
gleichso der Tau des Hermon,
der sich herabsenkt auf Zions Gebirg:
denn dorthin hat ER entboten den Segen,
Leben auf Weltzeit.

CXXXIV

Ein Aufstiegsgesang.

Wohlan, segnet IHN,
ihr all SEINE Knechte,
die in den Nächten in SEINEM Haus stehn!
Hebt in Heiligung eure Hände
und segnet IHN!
– Segne dich vom Zion her ER,
der Himmel und Erde gemacht hat!

CXXXV

Preiset oh Ihn!

– Preiset SEINEN Namen,
preiset, ihr SEINE Knechte,
die ihr in SEINEM Haus steht,
in den Höfen des Hauses unsres Gottes!
Preiset oh Ihn, denn ER ist gütig,
harfet seinem Namen, denn er ist mild!
Denn erwählt hat oh Er Jaakob sich,

zu seinem Sonderschatz Jissrael.

– Ja, ich habe erkannt, daß Er groß ist,
unser Herr allen Göttern zuvor.
Allwozu Er Lust hat, macht er
im Himmel und auf der Erde,
in den Meeren und in den Urwirbeln allen:
der Nebel aufführt vom Ende des Erdlands,
Blitze zum Regen macht,
der den Wind holt aus seinen Kammern,
Er, der Ägyptens Erstlinge schlug
vom Menschen bis zum Getier,
Zeichen und Erweise sandte
in deine Mitte, Ägypten,
wider Pharao und wider all seine Knechte,
er, der viele Weltstämme schlug
und mächtige Könige erwürgte:
Sſichon den Amoriterkönig
und Og König des Baschan
und alle Königschaften Kanaans,
und gab ihr Land hin als Eigen,
Eigen Jissrael seinem Volk.

– Du, dein Name ist für Weltzeit,
Du, dein Gedenken für Geschlecht um Geschlecht.

– Ja, zuurteilen wird Er seinem Volk,
leid sein wirds ihm seiner Knechte.

– Die Docken der Stämmewelt,
Silber sind sie und Gold,
Gemächt von Menschenhänden,
haben einen Mund und können nicht reden,
haben Augen und können nicht sehn,
haben Ohren und leihen nicht Ohr,
auch keinen Odem gibts ihnen im Mund.
Ihnen gleich werden, die sie machten,
alles, was sich sichert an ihnen.

– Haus Jissraels, segnet Ihn!
– Haus Aharons, segnet Ihn!
– Haus des Lewi, segnet Ihn!

– Ihr IHN Fürchtenden, segnet IHN!

– Gesegnet vom Zion her ER,
der einwohnt in Jerusalem!
Preiset oh Ihn!

CXXXVI

Danket IHM, denn er ist gütig,
denn in Weltzeit währt seine Huld.

Danket dem Gotte der Götter,
denn in Weltzeit währt seine Huld.
Danket dem Herrn der Herren,
denn in Weltzeit währt seine Huld.
Der große Wunderwerke machte allein,
denn in Weltzeit währt seine Huld.
Der mit Sinn machte den Himmel,
denn in Weltzeit währt seine Huld.
Der das Erdland dehnte über die Wasser,
denn in Weltzeit währt seine Huld.
Der die großen Lichter machte,
denn in Weltzeit währt seine Huld.
Die Sonne zur Waltung des Tags,
denn in Weltzeit währt seine Huld.
Mond und Sterne zu Waltungen der Nacht,
denn in Weltzeit währt seine Huld.
Der Ägypten in seinen Erstlingen schlug,
denn in Weltzeit währt seine Huld.
Und Jiſsrael fahren ließ aus ihrer Mitte,
denn in Weltzeit währt seine Huld.
Mit starker Hand und gerecktem Arm,
denn in Weltzeit währt seine Huld.
Der das Schilfmeer schnitt in Schnitte,
denn in Weltzeit währt seine Huld.
Und Jiſsrael ziehn ließ mitten durch,
denn in Weltzeit währt seine Huld.
Und schüttelte Pharao und sein Heer in das Schilfmeer,
denn in Weltzeit währt seine Huld.

Der durch die Wüste gehn ließ sein Volk,
denn in Weltzeit währt seine Huld.
Der große König schlug,
denn in Weltzeit währt seine Huld.
Und herrische Könige erwürgte,
denn in Weltzeit währt seine Huld.
Sſichon den Amoriterkönig,
denn in Weltzeit währt seine Huld.
Und Og König des Baschan,
denn in Weltzeit währt seine Huld.
Und gab ihr Land hin als Eigen,
denn in Weltzeit währt seine Huld.
Eigen Jiſsrael seinem Knecht,
denn in Weltzeit währt seine Huld.
Der in unsrer Erniedrigung unser gedachte,
denn in Weltzeit währt seine Huld.
Und entriß uns unsern Bedrängern,
denn in Weltzeit währt seine Huld.
Der Speise gibt allem Fleisch,
denn in Weltzeit währt seine Huld.

Danket dem Gott des Himmels,
denn in Weltzeit währt seine Huld.

CXXXVII

An den Stromarmen Babylons,
dort saßen wir und wir weinten,
da wir Zions gedachten.
An die Pappeln mitten darin
hingen wir unsre Leiern.
Denn dort forderten unsere Fänger
Sangesworte von uns,
unsre Foltrer ein Freudenlied:
»Singt uns was vom Zionsgesang!«
Wie sängen wir SEINEN Gesang
auf dem Boden der Fremde!
Vergesse ich, Jerusalem, dein,

meine Rechte vergesse den Griff!
meine Zunge hafte am Gaum,
gedenke ich dein nicht mehr,
erhebe ich Jerusalem nicht
übers Haupt meiner Freude.

Den Edomssöhnen gedenke, DU,
den Tag von Jerusalem,
die gesprochen haben: »Legt bloß,
legt bloß bis auf den Grund in ihr!«

Tochter Babel, Vergewaltigerin!
Glückauf ihm, der dir zahlt
dein Gefertigtes, das du fertigtest uns:
Glückauf ihm, der packt und zerschmeißt
deine Kinder an dem Gestein.

CXXXVIII

Von Dawid.

Danken will ich dir mit all meinem Herzen,
Göttern gegenüber will ich dir harfen.
Ich will mich hinwerfen zu deiner Heiligtumshalle
und will deinem Namen danken
um deine Huld und um deine Treue.
Denn großgemacht hast du deinen Zuspruch
über all deinen Namen hinaus.
Am Tag, da ich rief, hast du geantwortet mir,
du hast mich erkühnt, in meiner Seele ist Macht.

Dir danken, DU, alle Könige der Erde,
denn sie hörten die Sprüche deines Munds! –
Sie singen von SEINEN Wegen,
denn groß ist SEINE Ehre.
Denn ER ist erhaben, und sieht den Niedern,
und den Hochfahrenden erkennt er von fern. –
Muß ich gehn durch das Innere der Drangsal,
belebst du mich,

wider den Zorn meiner Feinde
schickst du aus deine Hand,
und mich befreit deine Rechte.
– ER vollbringt es für mich! –
DU, deine Huld währt in Weltzeit:
was deine Hände haben bereitet,
lasse nimmer davon!

CXXXIX

Des Chormeisters,
von Dawid, ein Harfenlied.

DU,
du erforschest mich und du kennst,
du selber kennst mein Sitzen, mein Stehn,
du merkst auf mein Denken von fern,
meinen Pfad und meine Rast sichtest du,
in all meinen Wegen bist du bewandert.
Ja, kein Raunen ist mir auf der Zunge,
da, schon erkannt, DU, hast dus allsamt.
Hinten, vorn engst du mich ein,
legst auf mich deine Faust.
Zu sonderlich ist mir das Erkennen,
zu steil ists, ich übermags nicht.

Wohin soll ich gehn vor deinem Geist,
wohin vor deinem Antlitz entlaufen!
Ob ich den Himmel erklömme, du bist dort,
bettete ich mir das Gruftreich, da bist du.
Erhübe ich Flügel des Morgenrots,
nähme Wohnung am hintersten Meer,
dort auch griffe mich deine Hand,
deine Rechte faßte mich an.
Spräche ich: »Finsternis erhasche mich nur,
Nacht sei das Licht um mich her!«,
auch Finsternis finstert dir nicht,
Nacht leuchtet gleichwie der Tag,
gleich ist Verfinsterung, gleich Erleuchtung.

Ja, du bists,
der bereitete meine Nieren,
mich wob im Leib meiner Mutter!
Danken will ich dir dafür,
daß ich furchtbar bin ausgesondert:
sonderlich ist, was du machst,
sehr erkennts meine Seele.
Mein Kern war dir nicht verhohlen,
als ich wurde gemacht im Verborgnen,
buntgewirkt im untersten Erdreich,
meinen Knäul sahn deine Augen,
und in dein Buch waren all sie geschrieben,
die Tage, die einst würden gebildet,
als aber war nicht einer von ihnen.
Und mir
wie köstlich, Gottherr, sind deine Gedanken,
ihre Hauptstücke wie kernkräftig!
ich will sie buchen, ihrer wird mehr als des Sands! –
Ich erwache: noch bin ich bei dir.

O daß du, Gott, umbrächtest den Frevler:
»Ihr Blutmänner, weichet von mir!«,
sie, die dich zu Ränken besprechen,
es hinheben auf das Wahnhafte, deine Gegner!
Hasse ich deine Hasser nicht, DU,
widerts mich der dir Aufständischen nicht?
ich hasse sie mit der Allheit des Hasses,
mir zu Feinden sind sie geworden.
Erforsche, Gottherr, mich, kenne mein Herz,
prüfe mich, kenne meine Sorgen,
sieh, ob bei mir Weg der Trübung ist,
und leite mich auf dem Wege der Weltzeit!

CXL

Des Chormeisters,
ein Harfenlied Dawids.

Entziehe mich, DU, dem bösen Menschen,

vorm Mann der Unbilden bewahre mich,
ihnen, die Böses im Herzen planen,
alletag Kriege schüren!
Sie wetzen schlangengleich ihre Zunge,
hinter ihren Lippen ist Otterngift.
/ Empor! /

Hüte mich, DU, vor den Händen des Frevlers,
vorm Mann der Unbilden bewahre mich,
ihnen, die meine Tritte umzustoßen planen!
Die Hoffärtigen legen mir Sprenkel und Stricke,
spreiten ein Netz zuseiten des Gleises,
Schlingen stellen sie mir.
/ Empor! /

Ich spreche zu IHM: Du bist mein Gott,
lausche, DU, der Stimme meines Gunsterflehns!
DU, mein Herr, Macht meiner Befreiung,
der am Waffentag du schirmtest mein Haupt,
nimmer, DU, gib das Begehren des Frevlers,
worum er ränkelt, beschers nimmer, daß sie sich überhöben!
/ Empor! /

Das Haupt der mich Umkreisenden,
die Pein ihrer Lippen decke es zu,
Kohlen für sich selber mögen sie rollen ins Feuer,
er lasse sie fallen in Schlünde,
daß nie sie erstehn!
Der Mann der Zunge,
nie darf er aufrecht bleiben auf Erden,
der Mann der Unbill,
das Böse muß ihn jagen zum Absturz.
Ich habe erkannt, daß ER ausführt
die Sache des Gebeugten,
das Recht der Bedürftigen. –
Gewiß,
die Bewährten werden danken deinem Namen,
vor deinem Antlitz werden sitzen die Geraden.

CXLI

Ein Harfenlied Dawids.

Du, ich rufe dich an,
eile mir herbei!
Lausche meiner Stimme,
wann ich rufe zu dir!
Gerichtet sei mein Gebet
als ein Räucherwerk vor dein Antlitz,
das Erheben meiner Hände
als Hinleitspende des Abends!

Bestelle, Du, meinem Mund eine Hut,
verwahre die Tür meiner Lippen!
zu bösem Ding laß sich mein Herz nimmer neigen,
mich zu beschäftigen an Geschäften des Frevels
mit den Arg wirkenden Männern!
nie möge ich kosten von ihren Annehmlichkeiten!

Stäupe mich der Bewährte, Huld ists,
er strafe mich, Öl ists fürs Haupt,
nimmer wirds anfechten mein Haupt!
Weil dem noch so ist, gilt gegen jener Bosheit mein Gebet.
Geraten sie ihren Richtern in die steinernen Hände,
dann hören sie erst meine Sprüche, daß sie annehmlich waren.
Wie wenn in der Erde man furcht und wühlt,
ist unser Gebein an den Rachen des Gruftreichs verstreut.
Nein, zu dir, Du, mein Herr, gehn meine Augen,
an dir berge ich mich, – leere meine Seele nicht hin!
Hüte mich vor den Händen,
die mich im Sprenkel verstricken wollen,
den Fallen der Argwirkenden!
Die Frevler sollen, in sein Garn jeder, fallen zugleich,
ich aber, derweil schreite ich vorbei.

CXLII

Eine Eingebungsweise Dawids, als er in der Höhle war, ein Gebet.

Meine Stimme zu IHM – ich schreie,
meine Stimme zu IHM – ich flehe.
Ich schütte vor ihn meine Klage,
meine Drangsal melde ich vor ihm:
Wann in mir mein Geist verzagt,
du bists doch, der meine Bahn weiß.
Auf dem Pfad, den ich soll gehn,
haben sie mir den Sprenkel gelegt.
Blicke zur Rechten und sieh,
keiner ist, der mich anerkennt,
die Zuflucht ist mir verloren,
nach meiner Seele fragt keiner.
Zu dir habe ich aufgeschrien, DU,
habe gesprochen: »Du bist meine Bergung,
mein Teil im Lande des Lebens.«
Merke auf mein Jammern,
denn sehr schwach bin ich worden!
Rette mich vor meinen Verfolgern,
denn sie wurden mir überstark!
Hole aus dem Verschluß meine Seele,
deinem Namen zu danken!
Um mich werden die Bewährten sich scharen,
weil dus zufertigst für mich.

CXLIII

Ein Harfenlied Dawids.

DU, höre mein Gebet,
lausche meinem Gunsterflehn!
In deiner Treue antworte mir,
in deiner Wahrhaftigkeit!
Komm nimmer mit deinem Knecht ins Gericht,

denn allwer lebt wird nicht bewahrheitet vor dir.

Denn der Feind verfolgt meine Seele,
duckt zur Erde mein Leben,
setzt mich in Finsternisse
wie Urzeittote.
Mein Geist verzagt in mir,
mein Herz mir inmitten erstarrt.

Ich gedenke der Tage von ureinst,
grüble all deinem Wirken nach,
die Tat deiner Hände besinne ich: –
ich breite meine Hände zu dir,
meine Seele dir wie ermattetes Land.
/ Empor! /

Eilends antworte mir, DU!
Mein Geist zehrt sich auf.
Verstecke nimmer dein Antlitz vor mir,
daß ich gleich würde ihnen,
die in die Schluft sinken!
Gib am Morgen deine Huld mir zu hören,
denn an dir sichre ich mich!

Tu mir kund den Weg, den ich gehn soll,
denn zu dir hebe ich meine Seele!
Vor meinen Feinden rette mich, DU!
Zu dir hin berge ich mich.
Lehre dein Gefallen mich tun,
denn du bist mein Gott!
Mich leite gütig dein Geist
auf geebnetem Land!

Um deines Namens willen, DU,
wirst du mich beleben,
in deiner Wahrhaftigkeit
holen wirst du
meine Seele aus der Drangsal,
in deiner Huld
wirst du meine Feinde vernichten,
wirst sich verlieren lassen

alle, die meine Seele bedrängen:
denn ich bin dein Knecht.

CXLIV

Von Dawid.

Gesegnet, DU, mein Fels,
der zur Schlacht meine Hände belehrt,
meine Finger zum Kampf!
Meine Huld und meine Bastei,
mein Horst und mein Entrinnen du mir,
mein Schild und woran ich mich berge!
Du, der Völker unter mich streckt!

DU, was ist der Mensch,
daß du ihn magst kennen,
der Mannessohn,
daß du ihn magst beachten!
der Mensch, der dem Dunste ähnelt,
dessen Tage gleichen dem ziehenden Schatten!

DU, neige deine Himmel
und fahre nieder!
rühre die Berge an,
daß sie rauchen!
Blitzen laß Blitze,
sprenge sie um,
schick deine Pfeile aus,
tummle sie hin!
Deine Hände schick aus von der Höhe,
entringe mich,
entreiße mich den vielen Wassern,
der Hand der Söhne der Fremde,
deren Mund Wahnspiel redet
und ihre Rechte ist eine Rechte des Lugs!

Gott, neuen Gesang singe ich dir,
auf Zehnsaitleier spiele ich dir auf:

Der Königen Freiwerden gibt,
seinen Knecht Dawid dem bösen Schwerte entrang,
entringe, entreiße mich
der Hand der Söhne der Fremde,
deren Mund Wahnspiel redet
und ihre Rechte ist eine Rechte des Lugs:
daß unsre Söhne wie Pflänzlinge seien,
großgewachsen in ihrer Jugend,
unsre Töchter wie Eckpfeiler,
geschnitzt am Bau einer Halle,
unsre Scheuern gefüllt,
Gattung um Gattung bescherend,
unsre Schafe tausendfältig, myriadenfach
auf unseren Fluren,
unsre Rinder trächtig,
kein Bruch, kein Fehlwurf, –
und kein Gekreisch auf unseren Märkten.
O Glück des Volkes, dems also ergeht!
o Glück des Volkes, dessen Gott ER ist!

CXLV

Eine Preisung Dawids.

Mein Gott, o König, dich will ich erheben,
deinen Namen segnen in Weltzeit und Ewigkeit.
Alletag will ich dich segnen,
deinen Namen preisen in Weltzeit und Ewigkeit:
»Groß ist ER und sehr gepriesen,
seine Größe ist unerforschlich.«
Deine Werke rühmt Geschlecht dem Geschlecht,
sie melden deine Gewalten.
Den Glanz des Ehrenscheins deiner Hehre
und deiner Wunder Begebnisse will ich berichten,
daß man bespreche die Macht deiner Furchtbarkeiten,
deine Größe, ich will sie erzählen:
aussagen soll man deiner vielen Güte Gedächtnis,
umjubeln soll man deine Bewährung. –

Gönnend und erbarmend ist ER,
langmütig und groß an Huld.
Gütig ist ER allem,
sein Erbarmen über all seinen Werken.
Dir danken, DU, all deine Werke,
deine Holden segnen dich.
Sie sprechen von deines Königtums Ehrenschein,
sie reden von deiner Gewalt:
»kundzumachen seine Gewalten den Menschenkindern
und den Schein seiner Königtumshehre«.
Dein Königtum ist ein Königtum aller Zeiten,
deine Herrschaft durch alles Geschlecht und Geschlecht. –
Allen Fallenden ist ein Haltender ER,
ein Aufreckender allen Gebückten.

Aller Augen warten auf dich,
ihre Nahrung gibst du ihnen zu ihrer Frist,
der du deine Hand öffnest
und alles Lebende sättigst mit Gefallen. –
Wahrhaftig ist ER in all seinen Wegen,
huldreich in all seinen Werken.
Nah ist ER den ihn Rufenden allen,
allen, die ihn rufen in Treuen.
Das Gefallen der ihn Fürchtenden wirkt er,
ihr Stöhnen hört er, und er befreit sie.
ER hütet alle, die ihn lieben,
aber alle Frevler vertilgt er.
SEINE Preisung redet mein Mund,
daß alles Fleisch den Namen seiner Heiligung segne
in Weltzeit und Ewigkeit.

CXLVI

Preiset oh Ihn!

Preise, meine Seele, IHN!
In meinem Leben will ich IHN preisen,
wann ich noch da bin, harfen meinem Gott.

Sichert an den Edeln euch nimmer,
an einem Menschensohn, bei dem kein Befreiertum ist!
Fährt sein Geist aus, kehrt er zu seiner Scholle,
an jenem Tag sind seine Entwürfe geschwunden.

O Glück dessen, dem zu Hilfe Jaakobs Gottherr ist,
seine Erwartung geht auf IHN seinen Gott:
Der gemacht hat Himmel und Erde,
das Meer und was in ihnen ist alles,
er, der Treue hütet in Weltzeit,
der Recht ausmacht den Bedrückten,
der Brot gibt den Hungernden,
ER löst die Gefesselten,
ER erhellt die Blinden,
ER reckt die Gebückten auf,
ER liebt die Bewährten,
ER hütet die Gastsassen,
Waise und Witwe läßt er überdauern,
aber den Weg der Frevler verkrümmt er.

König bleibt ER in Weltzeit,
dein Gott, Zion, auf Geschlecht um Geschlecht.
Preiset oh Ihn!

CXLVII

Preiset oh Ihn!

Denn gut ists, harfen unserem Gott,
denn fein ists, Preisung geziemt.
ER erbaut Jerusalem auf,
die Verstoßnen Jißraels stapelt er ein,
er, der heilt die gebrochenen Herzens
und der ihre Wunden verbindet.
Der den Sternen die Zahl zubestimmt,
allen ruft Namen er zu.
Groß ist unser Herr, reich an Kraft,
für seine Vernunft ist keine Zahl.
Die sich Beugenden macht ER überdauern,
die Frevler niedert er bis zur Erde.

Wechselsinget IHM zum Dank,
spielt unserm Gott auf der Leier,
der den Himmel hüllt in Gewölk,
der der Erde Regen bereitet,
der die Berge Gras sprießen heißt,
dem Vieh seine Speise gibt,
den jungen Raben, wonach sie rufen.
Nicht an des Rosses Gewalt hat er Lust,
nicht an den Schenkeln des Mannes Gefallen,
Gefallen hat an den ihn Fürchtenden ER,
an ihnen, die auf seine Huld harren.

Rühme, Jerusalem, IHN,
Zion, preise deinen Gott,
daß die Riegelbalken deiner Tore er stärkt,
deine Söhne dir im Innern segnet,
der in Frieden setzt deine Gemarkung,
mit Weizenfette sättigt er dich.
Der seinen Spruch sendet zur Erde,
gar schnell läuft sein Wort her,
der Schnee gibt wie Wolle,
Reif verstreut er wie Asche,
der sein Eis hinwirft wie Brocken,
vor seinem Froste wer kann bestehn!
er sendet sein Wort und es schmelzt sie,
er bläst seinen Wind, Wasser rinnen.
Jaakob sagt seine Worte er an,
Jiſsrael seine Gesetze und Rechtsgeheiße.
Nicht hat er irgendeinem Stamm so getan,
die Rechtsgeheiße, sie blieben unbekannt ihnen.

Preiset oh Ihn!

CXLVIII

Preiset oh Ihn!

Preist IHN vom Himmel her,
preist ihn in den Höhen!
Preist ihn, all seine Boten,

preist ihn, all seine Schar!
Preist ihn, Sonne und Mond,
preist ihn, alle lichten Sterne!
Preist ihn, ihr Himmelshimmel,
und ihr Wasser über dem Himmel!

Preisen sollen sie SEINEN Namen,
denn er gebot und sie waren geschaffen,
er bestellte sie für ewige Zeit,
Gesetz gab er, das man nie überschreite.

Preist IHN von der Erde her,
Seedrachen, Urwirbel ihr alle,
Feuer, Hagel, Schnee und Dampf,
Sturmwind, der vollstreckt seine Rede,
ihr Berge und alle Hügel,
Fruchtholz und alle Zedern,
du Wildlebendes und alles Vieh,
Kriechgereg und geflügelter Vogel,
Erdenkönige und alle Nationen,
Fürsten und alle Richter der Erde,
Jünglinge und auch Maiden,
Alte, Knaben gesellt!

Preisen sollen sie SEINEN Namen,
denn ragend bleibt sein Name allein,
seine Hehre über Erde und Himmel.
Er hat das Horn seines Volkes erhoben,
Preisung ists all seinen Holden,
den Söhnen Jiſsraels, dem Volk seiner Nähe.

Preiset oh Ihn!

CXLIX

Preiset oh Ihn!

Singt IHM einen neuen Gesang,
seinen Preis in der Versammlung der Holden!
Sein, der es machte, soll sich Jiſsrael freun,
um ihren König jauchzen Zions Söhne!

Sie sollen preisen seinen Namen im Reigen,
mit Pauken und Leier aufspielen ihm!
Denn ER begnadet sein Volk,
die sich Beugenden läßt in der Befreiung er prangen.

Die Holden sollen sich am Ehrenschein entzücken,
sie sollen jubeln auf ihren Lagern,
in ihrer Kehle Erhebung Gottes,
in ihrer Hand ein zweischneidig Schwert.

An den Weltstämmen Ahndung übend,
an den Nationen Züchtigungen,
deren Könige fesselnd mit Ketten,
deren Geehrte mit Eisenbanden,
geschriebnes Recht übend an ihnen
Glanz ist er all seinen Holden.

Preiset oh Ihn!

CL

Preiset oh Ihn!

Preiset Gott in seinem Heiligtum,
preiset ihn am Gewölb seiner Macht!
Preiset ihn in seinen Gewalten,
preiset ihn nach der Fülle seiner Größe!
Preiset ihn mit Posaunenstoß,
preiset ihn mit Laute und Leier,
preiset ihn mit Pauke und Reigen,
preiset ihn mit Saitenklang und Schalmei,
preiset ihn mit Zimbelnschall,
preiset ihn mit Zimbelngeschmetter!
Aller Atem preise oh Ihn!

Preiset oh Ihn!

MARTIN BUBER

Zur Verdeutschung der Preisungen

—

Anhang zu dem Werk

Das Buch der Preisungen

Verdeutscht

von Martin Buber

—

MARTIN BUBER

Zur Verdeutschung der Preisungen

Der Übersetzer der Schrift wird durch die »Preisungen«, ihrer Gestalt und ihrem Stil nach, vor manche neue Aufgabe gestellt, so daß ein Anlaß gegeben erscheint, über einige wichtige Punkte dem Leser Auskunft zu erteilen.[1]

Der Text, der hier verdeutscht wurde, ist der maſsoretische, überlieferte. Diesen zu erfassen ist die unausweichliche Aufgabe des Übersetzers. Ihm ist ein fester Bestand anvertraut, dem gegenüber jede, auch die verlockendste Konjektur als Willkür erscheinen muß. Da es schlechthin keine zuverlässige Methode gibt, »hinter« den Text, zu einem »ursprünglicheren« Wortlaut zu gelangen, muß die Übertragung, die das Original *vertritt* – zum Unterschied von Kommentaren, die es bunt umsäumen – halten und übermitteln, was dasteht. Nur in den seltenen Grenzsituationen, wo ihm Sinn und Zusammenhang schwer beeinträchtigt, aber durch eine geringfügige Änderung wiederherstellbar erscheinen, wird der Übersetzer sich befugt und verpflichtet erachten, sie in der besonderen Verantwortung seines Amtes vorzunehmen.

Die Bemühung, den maſsoretischen Text zu wahren, geht von der Anschauung aus, daß man hinter das Vorhandene nicht zurückgreifen kann, ohne die Wirklichkeit durch vielfältige und widereinander streitende Möglichkeiten zu ersetzen; man muß zu verstehen suchen, was der »Redaktor«, der für die Textgestalt Verantwortliche, mit dieser gemeint hat, man muß dem letzten Bewußtsein zu folgen suchen, da man zu einem früheren nur scheinbar vorzudringen vermag. Mit ebenderselben Anschauung hängt die Wortwahl dieser Übertragung zusammen, als einer Übertragung, die

1] Die wichtigsten allgemeinen Grundsätze sind in einer der Verdeutschung der »Fünf Bücher der Weisung« beigegebenen Abhandlung dargelegt worden.

sich zum Ziel gesetzt hat, nicht biblische Nationalliteratur, sondern die Bibel zu verdeutschen, der es also um die Erfassung eines – gleichviel, aus wie vielen und wie mannigfachen Stücken zusammengewachsenen, aber eben doch echte Einheit gewordenen Ganzen zu tun ist.

Die hebräische Bibel will als Ein Buch gelesen werden, so daß keiner ihrer Teile in sich beschlossen bleibt, vielmehr jeder auf jeden zu offengehalten wird; sie will ihrem Leser als Ein Buch in solcher Intensität gegenwärtig werden, daß er beim Lesen oder Rezitieren einer gewichtigen Stelle, die auf sie beziehbaren, insbesondre die ihr sprachidentischen, sprachnahen oder sprachverwandten erinnert und sie alle einander erleuchten und erläutern, sich miteinander zu einer Sinneinheit, zu einem nicht ausdrücklich gelehrten, sondern dem Wort immanenten, aus seinen Bezügen und Entsprechungen hervortauchenden Theologumenon zusammenschließen. Das ist nicht eine von der Auslegung nachträglich geübte Verknüpfung, sondern unter dem Wirken dieses Prinzips ist eben der Kanon entstanden, und man darf mit Fug vermuten, daß es für die Auswahl des Aufgenommenen, für die Wahl zwischen verschiedenen Fassungen mitbestimmend gewesen ist. Aber unverkennbar waltet es schon in der Komposition der einzelnen Teile: die Wiederholung lautgleicher oder lautähnlicher, wurzelgleicher oder wurzelähnlicher Wörter und Wortgefüge tritt innerhalb eines Abschnitts, innerhalb eines Buches, innerhalb eines Bücherverbands mit einer stillen, aber den hörbereiten Leser überwältigenden Kraft auf. Man betrachte von dieser Einsicht aus die sprachlichen Bezüge etwa zwischen Propheten und Pentateuch, zwischen Psalmen und Propheten, und man wird immer neu die gewaltige Synoptik der Bibel erkennen.

Bau und Sinn vieler Psalmen werden erst von da aus deutlich. Aber die einer besonderen Absicht entbehrende Wiederkehr von Grundworten untersteht dem gleichen objektiven Prinzip des Aufeinanderbezogenseins der Stellen. Manche Grundworte offenbaren ihre Sinnweite und -tiefe nicht von einer einzigen Stelle aus, die Stellen ergänzen, unterstützen einander, Kundgebung strömt dauernd zwischen ihnen, und der Leser, dem ein organisches biblisches Gedächtnis zu eigen geworden ist, liest jeweils nicht den einzelnen Zusammenhang für sich, sondern als von der Fülle der Zusammenhänge umschlungen. Die latente Theologie der Schrift wirkt unmittelbar da, wo sich der Gehalt der einzelnen Grundworte solcherart aus verschiedenen Sätzen, verschiedenen Textformen, verschiedenen Äußerungsstufen als der gleiche auftut. Wohl ist nicht das Wort, sondern der Satz natürliches Glied der lebendigen Rede, aber der biblische Satz will biblisch erfaßt werden, d. h. in der Atmosphäre, die sich durch die Wiederkehr der gleichen Grundworte erzeugt. Daß diese ein wirkungsstarkes Eigenleben führen, macht den Zusammenhang des Psalmenbuchs erst voll verständlich.

Dieses innere Band sichtbar zu machen, ist ein Dienst, in den auch der Übersetzer gestellt ist. Er kennt die Macht der Trägheit, der Geläufigkeit, des Drüberweglesens, im Hebräischen wie im Deutschen; er weiß, wie die von Kind auf Bibellesenden dieser Macht besonders leicht verfallen; er muß das Seine aufbieten, um ihr Einhalt zu tun. Dazu gehört, daß er, wo es nottut und wo es angeht, das prägnante, einprägsame Wort wähle, das, wo es wiederkehrt, sogleich wiedererkannt wird, und dabei auch ein ungewohntes nicht scheue, wenn die Sprache es gern aus einer vergessenen Kammer hergibt; dazu gehört, daß er, wo es nottut und wo es angeht, einen hebräischen Wortstamm durch einen einzigen deutschen wiederzugeben bestrebt sei, einen nicht durch mehrere, mehrere nicht durch einen. Wo es nottut; denn bei geistig wenig betonten oder unbetonten Worten wird man den Grundsatz – soweit nicht das Amt aller Übersetzer auch hier zu üben ist, die Synonyme nicht durcheinander zu werfen, sondern in ihrer Sinndifferenzierung zu belassen[1] – lockern oder aufheben dürfen. Und wo es angeht; denn oft wird sich aus den besonderen Bedingtheiten einer Stelle die Pflicht ergeben, sie als Ausnahme zu be-

---

1] Dieses Postulat wird auch heute noch von den Übersetzern des Alten Testaments unbeachtet gelassen; eine so bedeutende Psalmenübersetzung wie die Gunkels gibt z. B. 4 verschiedene Wortstämme durch den einen »spott« und 5 verschiedene durch den einen »schrei« wieder.

handeln. Jeder Dolmetscher ist ja unter eine Doppelheit von Gesetzen gestellt, die einander zuweilen zu widerstreiten scheinen: das Gesetz der einen und das der andern Sprache; für den die Schrift Übertragenden tritt eine andere Doppelheit hinzu: das Gesetz, das aus dem Eigenrecht der einzelnen Stelle, und das andere, das aus der biblischen Ganzheit spricht. Aber wie jene zwei sich aus der Tatsache versöhnen, vielmehr verbünden, daß es nur vorletztlich Sprachen, letztlich aber – unhörbar und doch unüberhörbar – die eine Sprache des Geistes, »jene einfache, allgemeine Sprache« [Goethe] gibt, so überwindet sich der Widerstreit zwischen Recht des Satzes und Recht des Buches immer neu aus der Tatsache, daß beide ihren Sinn von der einen dialogischen Begegnung ableiten, die dort der menschlichen Person und dem Augenblick, hier dem Volke und der Weltzeit gilt, dem Volk, in das die eigenständige Person, und der Weltzeit, in die der eigenständige Augenblick gefügt ist. Was der Übersetzer jeweils als Kompromiß anzusehen geneigt ist, kann auch einem anderen Bereich als dem seiner menschlichen Armut entstammen.

Aber auch dem einzelnen biblischen Buch, dem einzelnen biblischen Bücherverband kann dem Ganzen gegenüber solch ein Eigenrecht zustehen, so daß in diesem Raum etwelche Wörter anders als sonst übersetzt werden dürfen und sollen, weil die Art und der Stil dieses Teils der Bibel es fordern, weil etwa das eine oder andre Wort hier unsinnlicher, abstrakter geworden ist, oder auch weil gerade durch die Abweichung von der bisherigen Wiedergabe nun eine einheitliche innerhalb des einzelnen Buches ermöglicht wird, die ihre spezifische Wichtigkeit hat. Überall wird nach dem für die Absicht der Übertragung höheren Wert zu fragen und danach zu entscheiden sein.

Ich will hier zunächst an fünf Grundworten die strenge, dann an ein paar andern Beispielen die aufgelockerte Methode darlegen.

Von den fünf sind die drei positiven im »Buch der Preisungen« ebenso gleichmäßig wie in den früheren, die zwei negativen noch gleichmäßiger übersetzt worden.

Chessed, zedek und *emeth*, zentrale Begriffe der biblischen Theologie, die göttliche Tugenden verherrlichen und dem Menschen, der »in den Wegen Gottes« gehen soll, zur Nachahmung darstellen, sind alle drei Begriffe der Übereinstimmung, der Zuverlässigkeit. *Chessed* ist eine Zuverlässigkeit zwischen den Wesen, und zwar wesentlich die des Bundesverhältnisses zwischen dem Lehnsherrn und seinen Dienstmannen, ganz überwiegend die Bundestreue des Herrn, der seine Diener erhält und beschützt, sodann auch die der Untertanen, die ihrem Herrn treu ergeben sind. Der diesem Gegenseitigkeitsbegriff entsprechende deutsche Wortstamm ist »hold«: sowohl das Adjektiv hold wie das Nomen Huld bezeichnen ursprünglich auch die Treue von unten nach oben [»dem Schutzherrn mit redlichem Herzen hold und gewärtig zu sein«, heißt es bei Niebuhr], der »Holde« hieß mittelhochdeutsch der Lehnsmann, und in unserem »huldigen« lebt diese Seite des Begriffs fort; aber auch dessen ästhetische Verselbständigung, wie sie von Jes 40_6 gefordert wird, gibt der deutsche Wortstamm mit »Holdheit« her. In den Psalmen sind Gottes *chassidim* seine Holden, seine treue Gefolgschaft. *Zedek* ist die weitere und vielfältigere Konzeption: es bedeutet die Zuverlässigkeit eines Handelns einem äußeren oder inneren Sachverhalt gegenüber; einem äußeren gegenüber, indem es ihn zur Geltung bringt, ihm Raum schafft, ihm sein Recht werden läßt; einem inneren, indem es ihn verwirklicht, ihn aus der Seele in die Welt setzt. Der einzige deutsche Wortstamm, der beiden Bedeutungen Genüge tut [wogegen das dem Stamm *schafat* entsprechende »recht« nur auf die erste trifft], ist »wahr«: Wahrheit, Wahrhaftigkeit, Bewahrheitung [des Unschuldigen im Gericht], Wahrspruch, Wahrbrauch [der mit ehrlicher Intention getane Brauch], Bewährung stecken den Umfang des Begriffes ab. *Emeth* schließlich bezeichnet die Zuverlässigkeit schlechthin, auch die ganz innere, und kann, wie das stammeszugehörige *emuna,* nur vom Wortstamm »trau« aus einheitlich erfaßt werden; *emeth* ist wesentlich die Treue, und *emuna* kommt ihm zuweilen so nah, daß es da nicht wie sonst durch »Vertrauen«, sondern ausnahmsweise [ich habe hier lange aber vergeblich zu widerstreben versucht] durch das gleiche Wort »Treue« wiedergegeben werden muß.

Besonders streng mußten die beiden negativen Grundbegriffe erfaßt werden. Bei *awen* ist der Grund dafür offenkundig. Auch wenn man nicht mit Mowinckel annimmt, daß damit schwarze Magie gemeint sei, muß man die ungeheure Wucht erkennen, die das Wort gerade in den Psalmen hat: es bezeichnet das Böse als die unheimliche Macht des »Argen«, des Args. Von anderen Motiven ist die Wiedergabe von *schaw* bestimmt. *Schaw* ist das Fiktive – und zwar zum Unterschied z. B. von *hebel,* Dunst oder Tand, das Fiktive besonders als dem die Realität angemaßt wird, das sich daher bis zum eigentlich Widergöttlichen, Widerwirklichen steigern kann. Wörter wie »eitel«, »nichtig«, »falsch« sind nicht stark genug, um diese Weltmacht des Götzentums zu benennen; es gibt nur ein einziges deutsches Wort, das dies vermag, und das ist »Wahn«. Darum ist die zentrale *schaw*-Stelle, die des Dekalogs, in unsrer Verdeutschung so wiedergegeben: »Trage nicht SEINEN deines Gottes Namen auf das Wahnhafte« [nicht »Du sollst den Namen ... nicht freventlich aussprechen«; *naſsa* ohne *kol* kann wohl anheben, aber nicht aussprechen bedeuten], d. h. belege nicht eine aufgeblähte Fiktion mit dem Namen der höchsten Wirklichkeit, und die auf diese Stelle über das *schaw* im Verhältnis zu Gott bald (2. M 23_1) folgende[1] mit gleichem Verb über das *schaw* im Verhältnis zum Mitmenschen so: »Trage nicht Wahngerücht um!« Dem Schaw ergibt sich eben nicht bloß, wer vom Wahn aus, sondern auch wer auf den Wahn hin redet oder handelt, nicht bloß wer Wahn übt, sondern auch wer Wahn erzeugt; in den Psalmen kommt diese Bedeutung von *schaw,* als »Suggerieren« des Fiktiven, frevelhaftes Spielen mit dem im andern erzeugten oder zu erzeugenden Wahn, Trugspiel, Wahnspiel, 12_3, 26_4, 41_7 und $144_{8,11}$ vor.

1] Auch in die Deuteronomiumsfassung des Dekalogs ist eine entsprechende Stelle aufgenommen worden, indem das *scheker,* Lüge, der Exodusfassung durch *schaw* ersetzt wurde, offenbar um auch hier den Spruch über das *schaw* im Verhältnis zu Gott durch einen über es im Verhältnis zum Mitmenschen zu ergänzen.

Aber auch die Dekalogwendung kehrt zweimal in den Psalmen wieder, und es sind außer jenen Stellen des Pentateuchs die einzigen in der Bibel, an denen *naſsa la-schaw* steht; an der einen, 139_{20}, heißt es von den »Gegnern Gottes«, daß sie ihn »zu Ränken besprechen«, und es, dieses Besprechen, also den besprochenen Namen »hinheben auf das Wahnhafte«; an der andern, 24_{4}, wird »der am Herzen Lautere« gepriesen, »der zum Wahnhaften nicht hob seine Seele« [von hier aus erweist sich wieder die Hinfälligkeit der angeblichen Bedeutung »aussprechen«], d. h. der seine Seele nicht der weltmächtigen Fiktion ergab. Diese beiden Stellen wollen mit dem Dekalogspruch zusammengehört werden. Von ihrem Pathos geht etwas auf alle Psalmverse über, in denen das Wort *schaw* wiederkehrt, und dieses Pathos muß in der Übertragung erhalten werden: wie 31_{7} nicht »schlechte Nichtigkeiten« [Duhm] oder »nichtige Götzen« [Gunkel], sondern »Dunstgebilde des Wahns«, und wie 60_{13} nicht »eitel ist ja der Menschen Hilfe«, sondern »Befreiertum von Menschen ist Wahn«, so ist 89_{48} nicht »zu welcher Nichtigkeit« oder »für nichts«, sondern »zu wie Wahnhaften hast du erschaffen alle Menschenkinder«, und 127_{2} nicht »eitel für euch steht ihr früh auf« oder »umsonst daß ihr frühe aufsteht«, sondern »Wahnheit ists euch, die ihr überfrüh aufsteht« zu übertragen. So erst steht in der Breite des Psalmenbuches die mächtige Fiktion in ihren mannigfachen Untaten sichtbar genug der Wirklichkeit gegenüber.

Anders verhält es sich mit Wörtern, die diese Betonung und Assoziationsdichtigkeit nicht haben. So braucht z. B. das kaum betonte *ra* nicht einheitlich wiedergegeben zu werden [daß dabei »böse« bevorzugt wurde, liegt daran, daß dieser Wortstamm die geforderte Doppelbedeutung von Missetat und Unglück mit größerer Intensität als andre darbietet]. Ein mittlerer Weg durfte da eingeschlagen werden, wo ein Wort zwar sein eignes Pathos besitzt, aber seine begriffliche Sonderheit nicht so ausgeprägt ist, daß eine einheitliche Behandlung geboten erschiene. Solcherart ist z. B. der gewichtige, aber nicht scharf determinierte Wortstamm *aſaſ*. Man durfte hier, zumal eine durchaus befriedigende deutsche Entsprechung wohl nicht zu finden wäre, der Vielfältigkeit

des Begriffs, der Macht, Trotz, Wehr und Sieg umfaßt, Rechnung tragen; doch mußte, um die verbindenden Linien nicht zu verwischen, innerhalb der Gruppen zusammengehöriger Lieder eine Verknüpfung und auch zwischen den Gruppen nach Möglichkeit Übergänge hergestellt werden [dabei wurde das zwar kaum etymologisch, wohl aber volksetymologisch hierher gehörende *maoſ* zur Abhebung von *oſ* durch Komposita wiedergegeben].
Ein Wort, dessen einheitliche Wiedergabe, so notwendig sie an den entscheidenden Stellen und allen mit ihnen in Beziehung stehenden ist, von vornherein nicht als eine unbedingte angesehen werden konnte und im Psalmenband eine weitere Auflockerung erfahren mußte, ist *ruach*. Es war von den Absichten dieser Verdeutschung aus unumgänglich, diesem Wort, das in einer elementaren Einheit die Bedeutungen »Geist« und »Wind« umschließt, seine Sinnlichkeit zu bewahren, die dieses Umschließen ermöglicht, und das war die Sinnlichkeit nicht eines Dings, sondern eines Geschehens und mußte es bleiben; da aber das Wort »Geist«, das ursprünglich diese dynamische Sinnlichkeit besaß, sie längst verloren hat, mußte eins wie »Braus« herangezogen werden, das sich zu »Geistbraus« und »Windbraus« gabelte. Aber »Geistbraus« war nur da angemessen, wo vom Geist als dem von Gott ausgehenden schöpferischen begeistenden Geistessturm die Rede ist, nicht wo es sich um den abgelösten und in sich beschlossenen Menschengeist handelt, der eben verdinglicht als »Geist« auftreten muß; und ebenso war »Windbraus« nur [außer noch an Stellen, wo »Geist« und »Wind« nah beieinander stehen und ihre Einheit nicht verlorengehen darf] da zulässig, wo der Naturvorgang als ein von oben kommender, als einer, in dem der Schöpfungsbraus nachweht, empfunden werden sollte, nicht aber wo lediglich der Ablauf der Naturerscheinung gemeint und also das bloße »Wind« angefordert war. Im Buch der Preisungen tritt, trotz der Schöpfungshymnen, die es enthält, jenes Ursprüngliche gegen Pentateuch, Geschichtsbücher und Propheten weit zurück.
Es gibt aber Fälle, wo Art und Stil dieses Buchs, oder der

dichterischen Bücher der Bibel überhaupt, zu radikaleren Änderungen der Wortwahl nötigten. So verlangt der Wortstamm *tamam* hier eine andere Behandlung als bisher: während die Adjektive *tamim* und *tam* im Pentateuch sinngeschieden sind und das zweite mit »schlicht«, das erste aber, wo es eine Eigenschaft der Seele bezeichnet, mit »ganz« übertragen wurde, das allein dem Gehalt von Imperativen wie 1. M 17_1 und 5. M 18_{13} gerecht werden kann, nähern sie sich einander in den Geschichts- und Künder-Büchern und verschmelzen im Psalmenbuch, wie auch in den beiden nachfolgenden, zu einem einzigen Grundwort, welches – die beiden Adjektive mit den zugehörigen Substantiven umfassend – insbesondre für die Psalmen den Charakter eines führenden Begriffs gewinnt, dessen starkem Ethos eine annähernd einheitliche Wiedergabe gebührt. Diese Wiedergabe kann in der Atmosphäre der Psalmen nicht mehr von »ganz«, nur noch von »schlicht« aus versucht werden. Wenn diesem auch nicht die Absolutheit von »ganz« eignet, so hat es doch eine edle Anschaulichkeit, die den üblichen Übersetzungen »fromm«, »vollkommen« abgeht.

Für Wortstämme, die nur an einzelnen Stellen notwendigerweise eine Entsinnlichung erfahren haben, mag *sawach* [$50_{14,23,}$ auch 43_4 und 84_4] als Beispiel dienen; es bedeutet ursprünglich »schlachten« als Opferhandlung, hier aber »opfern«. Erwähnt mag hier auch *maschal* werden, das einen parallelistisch gebauten Versspruch bedeutet und daher durch »Gleichworte« o. ä. wiedergegeben wird, aber zuweilen, wie 44_{15}, als »Gleichnis« verstanden werden darf.

Die Schrift

Verdeutscht von Martin Buber
gemeinsam mit Franz Rosenzweig

1
Die fünf Bücher der Weisung

2
Bücher der Geschichte

3
Bücher der Kündung

4
Die Schriftwerke

—

Jeder Band
kann auch einzeln bezogen werden